GOLF FUNDAMENTAL

von Ben Hogan

DAVID LEADBETTER

Englische Originalausgabe von Collins Willow
im Harper Collins Verlag, London, unter dem Titel:
The Fundamentals of Hogan ©David Leadbetter, 2000

Der Autor behält sich das Recht vor,
sich Autor dieses Buches zu nennen.

Albrecht Golf Verlag GmbH
Freihamer Strasse 2
82166 Gräfelfing b. München
Telefon (089) 8 58 53-531
Telefax (089) 8 58 53-199
E-Mail: golf@albrecht.de
www.golf.de
www.golffuehrer.de

ISBN: 3-87014-097-6

Übersetzung aus dem Amerikanischen:
Hella und Dieter Praun, Susanne Correll
Satz und Redaktion der deutschen Ausgabe:
content publishing, München

Printed and bound in:
Great Britain by Bath Press, Glasgow

Golfbücher haben seit jeher eine große Faszination auf mich ausgeübt. Schon als Jugendlicher war ich so sehr von den Lehren aus der Feder von Arnold Palmer, Jack Nicklaus und Gary Player – die großen drei, wie man damals sagte – begeistert, dass ich in der Schule oft ein Golfbuch im Umschlag meines Lateinbuches versteckte. Golf interessierte mich eben weitaus mehr als die alten Römer. Als ich mit 18 Jahren ins Profilager wechselte, nützte ich weiterhin jede Gelegenheit, Golfbücher zu lesen – zuerst, als ich selbst Turniere spielte, und später, als ich den Golfschwung unterrichtete. Ich wollte das Geheimnis lüften, warum sich ein Autor für eine gewisse Theorie stark macht, während ein anderer das genaue Gegenteil predigt – wobei jeder seine Ansicht solide und nachvollziehbar untermauern kann. Meine Faszination für Golfbücher war grenzenlos und bisweilen probierte ich das Neue schon aus, bevor ich das Buch richtig zu Ende gelesen hatte – manchmal sogar nach der Arbeit im Scheinwerferkegel meines Autos. Inzwischen hat meine Golfbibliothek stolze Ausmaße angenommen, und es macht mir immer noch großen Spaß, in den alten und neuen Büchern zu schmökern. Bisweilen nehme ich fast geistesabwesend eines zur Hand, wohl in der Überzeugung, dass man immer etwas dazulernen kann – vielleicht vom sechsmaligen British-Open-Champion Harry Vardon oder etwas aus der Feder von Bobby Jones, Byron Nelson, Ben Hogan, Sam Snead, Nicklaus oder Tom Watson. Denn für mich gilt: Solange ich Golf unterrichte, lerne ich auch dazu.

Hogans Bücher zogen mich stets am meisten in Bann. Die Perfektion seines Schwungs stand außer Frage, folglich widmete ich mich seinem Werk mit großem Interesse. Ich wollte wissen, was der Meister zu sagen hatte, sei es in seinen Zeitschriftenartikeln, in seinem ersten Buch *Power Golf* oder im Klassiker *Five Lessons: The Modern Fundamentals of Golf*. Ich habe Hogans Bücher wieder und wieder gelesen, mein halbes Leben lang analysiert und eine Menge daraus gelernt. Ich denke immer noch oft darüber nach, und es bringt mich immer noch weiter. Manche von Hogans Gedanken habe ich übernommen, aber auch meine eigenen Ansichten entwickelt, und ich habe das, was Hogan zu sagen hatte, aus jedem erdenklichen Winkel betrachtet.

Five Lessons, das als Serie in der *Sports Illustrated* begann, wurde schnell mein Lieblingsbuch. Es war ein Buch, das unmittelbar aus Hogans Arbeit an seinem eigenen Schwung entstand. Hogan war Zeit seines Lebens auf der Suche nach dem richtigen, kraftvollen und wiederholbaren Schwung – den er schließlich auch fand. Er setzte seinen Schwung den härtesten Prüfungen aus, den Major-Turnieren, und stellte fest, dass er auch unter größtem Druck standhielt – was seine Bilanz der Jahre 1946 bis 1953 beweist. In diesen acht Jahren gewann Hogan zweimal das US Masters, viermal die US Open, einmal die British Open und zweimal die US PGA Championships. Später wollte der Perfektionist Hogan seiner Nachwelt seine Schwungerkenntnisse überliefern – was ihm mit diesem Buch auch gelang.

Als Ben Hogan überzeugt war, den gesuchten, auch unter Druck bestehenden Schwung gefunden zu haben, begann er mit *Five Lessons*, die 1957 als fünfteilige Serie in *Sports Illustrated* erschienen. Im Juni des Vorjahres hatte sich Herbert Warren Wind, der Golfreporter des Blattes, mit dem Illustrator Anthony Ravielli nach Fort Worth, Texas, aufgemacht, um Hogan zu treffen. Hogan trug sich damals nur mit dem Gedanken zu einem einzigen Artikel, der später als „Die elementaren Aspekte des korrekten Golfschwungs" erscheinen sollte. Doch Wind und Ravielli überzeugten ihn, daraus eine Serie zu erarbeiten, die es Golfspielern erlauben sollte, kontinuierlich an ihrem Schwung zu arbeiten und somit ihre Technik zu verbessern. Hogan zeigte sich schließlich von der Idee angetan, worauf sich das Trio in Hogans Heimatclub, dem Colonial Country Club in Fort Worth, an die Arbeit machte. Der erste von insgesamt fünf Artikeln erschien am 11. März 1957, später im Jahr erschien das Buch, das zur Pflichtlektüre ganzer Golfgenerationen werden sollte.

Five Lessons: The Modern Fundamentals of Golf unterscheidet sich sowohl inhaltlich als optisch erheblich von Hogans erstem Buch *Power Golf*, das 1948 erschienen war. Bis heute gibt es keinen Tourspieler, der die Golf-Bibel nicht gelesen hat. Mark O'Meara begegnete Hogan erstmals 1980, nachdem er im Jahr zuvor die amerikanische Amateurmeisterschaft mit Schlägern von Hogan gewonnen hatte. Kurze Zeit nach seinem Wechsel ins Profilager unterzeichnete O'Meara, später US-Masters- und British-Open-Sieger, einen Ausrüster-Vertrag mit eben diesem Schlägerhersteller. Bei dieser Gelegenheit begegnete er dem großen Meister. Hogan erzählte ihm, dass er sich seinen Schwung Stück für Stück erarbeitet habe, indem er über Jahre hinweg Nacht für Nacht darüber nachdachte und die dabei gewonnenen Erkenntnisse jeweils tags darauf testete. Alles, was dort der Überprüfung standhielt, wurde für immer festgehalten. O'Meara hat dieses Gespräch eigenen Angaben zufolge niemals vergessen. Auch er begann danach, seinen Schwung sukzessive aufzubauen.

In diesem Zusammenhang kann man auch Larry Nelson erwähnen, seines Zeichens einer der beständigsten Spieler des modernen Turniergeschehens. Er begann erst im Alter von 21 Jahren mit dem Golfspiel – nachdem er *Five Lessons* gelesen hatte. Das Buch wurde zum Leitfaden seiner Schwungtechnik, mit der er 1983 die US Open und 1987 die US PGA Championships gewann. Seit seiner Veröffentlichung hat *Five Lessons* die Golfer beeinflusst und verkauft sich 40 Jahre nach seiner Erstveröffentlichung immer noch gut.

Für mich war *Five Lessons* eines der ersten Golflehrbücher, das ich in meiner Jugend in die Hand bekam. Es zeichnet sich durch elegante Formulierungen aus und spiegelt die Liebe zum Detail wider, die Ben Hogan Zeit seines Lebens auszeichnete. In meinen Augen war dieser Klassiker damals seiner Zeit weit voraus, was es zum Leitfaden der modernen Golfschwung-Entwicklung werden ließ. Gleichzeitig ist es aber auch ein sehr persönliches Buch, das die Schwungproblematik und die entsprechenden Antworten widerspiegelt, mit denen sich Hogan auseinander zu setzen hatte. Zahlreiche Bücher anderer Autoren aus der Profi-Szene sind in vergleichbarer Weise persönlich.

Über viele Jahre habe ich mich mit dem Gedanken getragen, *Five Lessons* unter Berücksichtigung der Erkenntnisse seit seiner Erstveröffentlichung zu analysieren. Ironie des Schicksals dürfte es sein, dass ich 1998 einen Auftrag erhielt, genau dies zu tun. Der Verleger hatte sich die Rechte an bislang unveröffentlichten Fotoaufnahmen gesichert, die Tony Ravielli im Rahmen der Arbeiten für *Five Lessons* gemacht hatte. Mir fiel sofort auf, dass sie gestellt waren. Offensichtlich war sich Hogan jedes Details seines Schwungs bewusst, sonst hätte er nicht Dutzende verschiedene Schwungphasen nachstellen können. Die Bilder zeigen einerseits den Schwung in bestimmten Phasen, andererseits bilden sie aber auch das ab, was Hogans Meinung nach in einem bestimmten Moment des Schwungs geschieht. Womit sie dem Betrachter ein Phänomen vor Augen führen, dem auch ich im Laufe meines Lehrerlebens immer wieder begegnet bin: dem Unterschied zwischen Realität und subjektivem Empfinden.

Das unerwartete Auftauchen der Fotoaufnahmen führte uns direkt zu diesem Buch. Von der

Herbert Warren Wind, Ben Hogan und Anthony Ravielli

Idee, *Five Lessons* zu überarbeiten, war ich so begeistert, dass ich mich trotz meines relativ vollen Terminkalenders sofort an die Arbeit machte. Schließlich handelte es sich bei den Fotoaufnahmen um einen wahrhaftigen golf-archäologischen Fund. Als weiterer Glücksfall erwies sich für mich, dass ich bei vorliegender Analyse mit meinem Zeichner Keith Witmer zusammenarbeiten konnte, einem Mann, der über ein fundiertes Wissen sowohl über Raviellis Arbeiten als auch Hogans Schwungtechnik verfügt.

Die Entdeckung der Ravielli-Fotografien ist wahrlich ein großer Glücksfall. Alles Bildmaterial über Ben Hogan ist von unschätzbarem Wert, denn von ihm existieren weit weniger Bilder als von den Spielern heutigentags. Es macht mich stolz und glücklich, dass ich diese Fotos analysieren durfte und mich somit noch einmal intensiv mit Hogans *Five Lessons* befassen konnte. Das vorliegende Buch *Golf Fundamental von Ben Hogan* ist das Ergebnis dieser Arbeit.

Der Original-Film, mit dem Ravielli Hogans Schwung der Nachwelt überlieferte.

Als ich gebeten wurde, dieses Buch zu schreiben, stellte ich rasch fest, dass ich hierfür die Unterstützung von Kollegen benötigen würde, die mit dem Golfschwung wie auch mit Hogans Theorien vertraut sind. Ich habe mich in den vergangenen Jahren oft mit Lorne Rubenstein unterhalten, der gemeinsam mit Nick Price und dem verstorbenen George Knudson zwei bemerkenswerte Golfbücher geschrieben hat. Darüber hinaus hatte ich schon zahlreiche Artikel über Golf aus seiner Feder gelesen, sodass ich rasch zu der Überzeugung gelangte, mir keinen besseren Mitstreiter wünschen zu können. In der Folge waren mir seine profunden Kenntnisse über die Spieltechnik und die Golfgeschichte eine ebenso unersetzbare Hilfe wie sein großes journalistisches Talent.

Lorne und ich haben – zumeist spätabends oder frühmorgens – viele Stunden am Telefon verbracht, um gemeinsam an den Texten zu feilen. Manchmal sahen wir kein Land, denn die Aufgabe erwies sich dem Üben des Golfschwungs äußerst ähnlich: Man arbeitet daran, lässt es wirken, beginnt mit Veränderungen in der Hoffnung, sie mögen sich wenigstens ein klein wenig positiv auswirken. Irgendwann kamen Lorne und ich aber doch zu der Überzeugung, wieder in den Alltag zurückkehren zu können – und nun das Urteil über unsere Arbeit dem Leser zu überlassen.

Ich hoffe, dass dem Leser die Lektüre ein ebenso großes Vergnügen bereitet, wie uns die Arbeit an diesem Buch mit Freude erfüllte (obwohl wir das um ein Uhr morgens manchmal anders sahen). Ich hoffe, dem Leser wird gewahr, dass wir keine Mühen gescheut haben, um ein Buch zu schreiben, das allen Golfern zur Seite stehen soll. An dieser Stelle ist es mir ein großes Bedürfnis, Lorne für seine unermüdliche Mitarbeit und seine Geduld zu danken. Ich hoffe, sein Spiel hat nicht zu sehr unter unserer gemeinsamen, zeitintensiven Arbeit gelitten. In jedem Falle hat er meine Arbeit sehr erleichtert.

Vielen, vielen Dank an Keith Witmer, dessen großartige Zeichnungen aus diesem Buch ein wahres Kunstwerk gemacht haben.

Ein großes Dankeschön gebührt allen Mitarbeitern, ohne die dieses Buch niemals in Druck gegangen wäre. Ihre Unterstützung kann nicht hoch genug gewürdigt werden.

Sehr geholfen haben mir auch alle, die dieses Buch im Laufe seiner Entstehung Korrektur gelesen haben. Stellvertretend möchte ich hier Harvey Freedenberg danken, einem Rechtsanwalt und begeisterten Golfer. Ich denke, dass Harvey problemlos den Sprung vom Rechtsexperten zum Schriftsteller schaffen würde!

Dankesworte gebühren Curtis Gillespie, dessen Verbesserungsvorschläge sich als äußerst wertvoll erwiesen. Und natürlich darf der Herausgeber Brian Lewis von Sleeping Bear Press nicht unerwähnt bleiben – dieses Buch war seine Idee.

Meine Verbundenheit und Liebe gehören meiner wunderbaren Familie, meiner Frau Kelly und unseren Kindern Andy, Hally sowie James. Sie ermunterten mich, dieses Buch zu schreiben und waren in der Folge stets für mich da. Ohne sie hätte ich dieses Buch wohl nie vollendet.

Last, aber bestimmt nicht least, möchte ich mich bei allen Golfern – Amateuren wie Professionals – bedanken. Erst sie haben mich zu einem besseren Golflehrer und Gesprächspartner in Sachen Golf gemacht.

Technik-Freak: Hogan arbeitete unermüdlich an seinem Schwung.

Würde man die Tour-Golfer von heute fragen, wer der beste Ballschläger aller Zeiten ist, würden die meisten sicherlich Ben Hogan nennen, obwohl sie ihn niemals einen Ball schlagen sahen. Der Ruf dieses Mannes ist so übermächtig, dass sein Name für immer mit dem perfekten Golfschwung in Zusammenhang gebracht werden wird. Der englische Autor und Kursarchitekt Donald Steel stellte fest, dass Hogan „ein extremer Perfektionist und ein erbarmungsloser Wettkämpfer war. Seine Kontrolle war absolut, sein Ehrgeiz immens. Er war der beste Schlagspieler, den es jemals gegeben hat, eine Legende bereits zu Lebzeiten." Seit seinem Tod 1997 ist sein Legendenstatus nur noch gewachsen. Wenn heute ein Golfer den Flug des Balls nach Belieben kontrollieren kann, bekommt er vermutlich zu hören: „Du spielst wie Hogan." Ein schöneres Kompliment gibt es nicht. Ben Hogan bleibt weiterhin das Maß aller Dinge.

Man möchte fast glauben, Hogans Ruf als perfektester Spieler könne bestehen bleiben, solange Golf gespielt wird. Mit derselben Berechtigung könnte man ihn auch den Vater des modernen Golfunterrichts nennen – in dem der Grundgedanke vertreten wird, dass der Spieler nicht die Hände, sondern die großen Muskelgruppen des Körpers zur Kontrolle des Schwungs einsetzt. Niemand hat den modernen Golfunterricht stärker beeinflusst als Ben Hogan. Seine jahrelangen Beobachtungen, seine unermüdlichen Experimente mit Versuch und Irrtum, die er in Turnieren testete, seine Vorliebe, Übungsbälle zu schlagen, und sein unersättliches Verlangen nach Perfektion machten ihn zum präzisesten Golfer in der Geschichte. Hogan war ein besessener Tüftler und genoss es, bei jeder Gelegenheit an seiner Technik zu feilen. Er nutzte jeden Ort, um seinen Schwung zu verbessern: eine Driving-Range oder eine Wiese am Straßenrand,

Schwungübungen im Umkleideraum!

Hotelzimmer, Umkleideräume – Hauptsache, man konnte einen Golfschläger schwingen.

Hogan ist eine echte Legende – einer der am höchsten geachteten Akteure des Golfsports. Dennoch hielten viele Beobachter ihn nicht für ein Naturtalent, im Gegensatz zu seinem Erzrivalen Sam Snead. Er arbeitete hart, eben weil er kein Naturtalent war, und nahm im Laufe der Jahre mehrere drastische Änderungen an seinem Schwung vor. Seine Erfolge bewiesen ihm, dass es in der Tat möglich ist, sich durch Übung der Grundlagen zu verbessern. Seine harte Arbeit führte schließlich dazu, dass er 1946 das so genannte „Geheimnis" fand, eine Formel zur Beseitigung seiner hartnäckigen Probleme mit Hooks, die seine Entwicklung als Turnierspieler zu ruinieren drohten. Durch dieses Geheimnis gewann er die vollkommene Herrschaft über den Ball, und es ermöglichte ihm sein souveränes Spiel, für das er berühmt wurde. In den folgenden sieben Jahren gewann er neun Majors.

Hogans Fähigkeit, seinen Schwung zu ändern, war beeindruckend. Jeder Golfer weiß, wie schwierig das sein kann: Alte Instinkte und Gewohnheiten scheinen unter Druck immer wieder die Oberhand zu gewinnen, egal, wie intensiv man den neuen Schwung geübt hat. Jeder Golfer ist anders, und jeder Schwung hat sein charakteristisches Aussehen, weshalb man einen Spieler leicht aus der Ferne anhand seiner Schwungtechnik identifizieren kann.

Hogan hatte ebenfalls seinen persönlichen Stil, und bei einer schonungslosen Selbstbeurteilung stellte er fest, dass er aus ganz bestimmten Gründen dazu neigte, die Kontrolle zu verlieren. Seine enorme Beweglichkeit bewirkte, dass er den Schläger weit nach hinten führte, was den Eindruck vermittelte, er spiele aus dem Handgelenk. In Kombination mit seiner explosiven Beinbewegung führte dies dazu, dass er im Moment des Ballkontakts die Kontrolle verlor und den Schlag nach links verzog. Doch im Lauf der Zeit überwand er seine schlechten Angewohnheiten – indem er einige wenige Grundprinzipien fand, die es ihm ermöglichten, einen wiederholbaren, effektiven Schwung zu entwickeln. Dank dieser Fähigkeit konnte er sein Spiel auf dem Golfplatz planen wie ein Schachspieler seine Züge; kein Fairway war zu schmal, kein Flaggenstock unerreichbar. Seine Strategie und Detailversessenheit waren unübertroffen und schlugen sich in seinen Scores nieder. Man kann seine Spielweise, die 1953 zum Gewinn der Masters, der US Open und der British Open führte, als Beweis für die Stichhaltigkeit seiner Schwungtheorie heranziehen. In jenem Jahr bezähmte er das extrem schwierige Gelände im schottischen Carnoustie mit den immer geringeren Scores von 73-71-70-68 und gewann die British Open. Ben Hogan lernte jeden Tag etwas mehr über die beste Strategie für diesen Platz. Nach seinem Sieg stellte der *Daily Telegraph* die Frage: „Und wer wagt noch zu behaupten, dass er nicht der beste Spieler aller Zeiten ist?"

Hogan war ein ernsthafter Schüler dieses Sports, er hatte jedoch nicht den Luxus, die Schwünge anderer oder seine eigenen mit Hilfe von modernen Hochgeschwindigkeitskameras oder Computern zu analysieren. Später bemerkte er einmal, dass er mit solchen Geräten den perfekten Schwung bereits zehn Jahre eher ge-

Stets im Blickpunkt: Ben Hogan

Mit Herbert Warren Wind bei der Arbeit an *Five Lessons*

funden hätte. Er hatte auch keinen Vollzeit-Trainer wie die meisten heutigen Spieler, zog jedoch gelegentlich den berühmten Profi-Golfer Henry Picard um Rat hinzu. Seine scharfen Sinne, Beobachtungsgabe und sein unglaubliches kinästhetisches Bewusstsein vermittelten ihm, wie sein Körper und der Golfschläger während der Schwungbewegung funktionierten. Nachdem er restlos von seiner Technik überzeugt war und spielen konnte, ohne sich um schlechte Schläge sorgen zu müssen, erzielte er seine größten Erfolge. Sein beständiger Ehrgeiz und die erfolgreiche Entwicklung eines kräftigen und wiederholbaren Schwungs, auf den er sich auch unter Druck verlassen konnte, bewegten ihn dazu, *Five Lessons* zu schreiben. Hogans Buch wurde vier Jahre nach dem Gewinn der drei Majors 1953 veröffentlicht. Es ist ein sehr persönliches Buch und handelt primär von Hogans Suche nach einem besseren Schwung für sich selbst. Doch selbstverständlich vergisst Hogan dort keineswegs zu erwähnen, was jeder Golfer aus seiner Suche nach dem perfekten Schwung lernen kann – Ähnliches hatte er bereits in *Power Golf* und einer Vielzahl anderer Artikel vertreten. Golfer können so viel aus seinen Lektionen lernen, es ist jedoch wichtig, seine Ideen richtig zu interpretieren. Dabei möchte ich behilflich sein.

Hogan war ein hervorragender Athlet, ausgestattet mit bemerkenswerter Beweglichkeit und einer vielfältigen Motorik, außerdem hatte er Fantasie. Viele Menschen sind der Meinung, dass er fast die Intelligenz eines Genies hatte. Gardner Dickinson, ein Profi-Golfer, der von 1968 bis 1970 drei Turniere auf der US-Tour gewann und in zwei Ryder-Cup-Teams mitspielte, arbeitete als Assistent für Hogan, als dieser Anfang der fünfziger Jahre als Chef-Golfpro im Tamarisk Country Club in Palm Springs, Kalifornien, tätig war. Dickinson hatte einen Abschluss in klinischer Psychologie und war qualifiziert, psychologische Tests durchzuführen. Er konnte Hogan zwar nicht zu einem Intelligenztest überreden, wob aber immer wieder aufschlussreiche Fragen in seine Gespräche ein. Er siedelte den IQ Hogans im oberen Bereich der Genie-Kategorie an.

Diese angeborenen Qualitäten, seine Fähigkeit, sich intensiv zu konzentrieren, sowie seine unerschütterliche Entschlossenheit machten aus ihm einen der besten Spieler der Golfgeschichte. Hogan verfügte über die ideale Kraft, Geschwindigkeit und Behändigkeit für die Anforderungen dieses Sports. Er hatte im Verhältnis zu seiner Körpergröße von 1,72 m relativ lange Arme und einen kräftigen, kompakten Körper; auf dem Höhepunkt seiner Karriere wog er um die 64 kg, und jedes Kilo schien nur einem Zweck zu dienen – den Golfball effizient zu schlagen. Er hatte große Hände und sehr kräftige Unterarme, dank derer er den Schläger während der gesamten Schwungphase fest halten konnte. Ich glaube auch, dass sein kräftiger Unterkörper, insbesondere die kräftige Gesäßmuskulatur und die Oberschenkel, zu seiner hervorragenden Stabilität beitrugen – ein wichtiger Faktor, der es ihm ermöglichte, den Ball hart zu schlagen, ohne die Balance zu verlieren.

Da ich das Glück habe, schon seit Jahren als Golflehrer tätig zu sein und manche der besten Spieler unterrichtet zu haben, ist die Arbeit an diesem Buch für mich ein Akt der Liebe und Freude. Es ist eine Ehre für mich, aber noch mehr ein Tribut an einen Mann, den ich so wie Millionen andere schon seit langem bewundere und respektiere. Viele jüngere Golfer haben von Ben Hogan gehört, wissen aber vielleicht nicht, dass er der Großmeister des Schwungs war und mehr Kontrolle über den Ball hatte als jeder andere. Viele gute Spieler bevorzugen einen Draw des Golfballs, manche jedoch einen Fade; das war bei Ben Hogan der Fall und auch bei Jack Nicklaus. Hogans Zeitgenossen hatten derartigen Respekt vor ihm, dass sie ihr eigenes Training unterbrachen, um dem Meister bei der Arbeit zuzusehen. Hogan war im Grunde genommen ein ruhiger Mensch, fast schon verschlossen, aber wenn er über Golf sprach, lauschte ihm jeder gebannt. Tommy Bolt sagte einmal, dass er sich erinnert, wie Jack Nicklaus Hogan beim Üben zusah, hingegen nie gesehen hat, dass Hogan Nicklaus beobachtet hätte. Er sagte dies nicht, um Nicklaus zu beleidigen, sondern um das ungeheure Ansehen Hogans zu verdeutlichen.

Mit diesem Buch möchte ich dreierlei erreichen: (1) untersuchen, was für Hogan die Wahrheit des Schwungs war; (2) meine Interpretationen anbieten und in Einzelfällen Hogans Gedanken untersuchen, wie sie in *Five Lessons* und in anderen Quellen zum Ausdruck kommen, um ein vollständiges Bild zu liefern. Hogan schrieb das bereits erwähnte *Power Golf*, verfasste Beiträge für *Life* und *Esquire,* und er schrieb auch oft für Golfmagazine, die ihn ebenso häufig zitierten. In Anbetracht seiner vielen Veröffentlichungen werde ich versuchen, einige falsche Vorstellungen zu widerlegen, die sich im Laufe der Jahre entwickelt haben. Ich weiß aus eigener Erfahrung, dass es wegen der Komplexität des Golfschwungs leicht dazu kommen kann. Außerdem möchte ich (3) Anfängern und Fortgeschrittenen, die von einem Score unter 80 träumen, mit Rat zur Seite stehen. Ich will nicht erreichen, dass sie Hogans Schwung nachahmen – das wäre wohl unmöglich –, sondern ich möchte, dass sie von ihm lernen, bestimmte Elemente in ihr Spiel aufnehmen und mit mehr Konstanz spielen. Hogan war der Ansicht, dass jeder Golfer, der die Grundlagen des Schwungs verstehen lernt und sie dann in die Praxis umsetzt, einen zuverlässigen Schwung entwickeln und einen Score unter 80 erreichen kann. Dieser Meinung bin auch ich.

Was den Score von unter 80 angeht, muss man sich darüber im Klaren sein, dass er tatsächlich der Traum vieler Golfer ist. Ein verbesserter Schwung kann dabei Wunder wirken. Man darf aber darüber das kurze Spiel nicht vergessen. Hogan hat sich in *Five Lessons* nicht mit dem kurzen Spiel befasst, und ich werde das hier ebenfalls nicht tun. Ein verbessertes kurzes Spiel ist jedoch für jeden Golfer wichtig, der sein volles Potenzial erreichen möchte. Idealerweise hilft Ihnen dieses Buch, Ihren Schwung zu verbessern, damit Sie nicht jede Übungsstunde auf dessen Verbesserung verwenden, sondern Ihren neuen zuverlässigen Schwung lediglich beibehalten müssen und mehr Zeit auf Ihr kurzes Spiel verwenden können. Häufig sehe ich Leute, die Stunden damit verbringen, Bälle zu schlagen – meist ohne Plan oder Konzept –, und ganz selten am kurzen Spiel arbeiten. Dies ist verständlich, denn sie schlagen den Ball schlecht und suchen auf der Driving-Range nach jeglicher Art von Erfolgserlebnis.

Ich hoffe, Sie finden dieses „Erfolgserlebnis" auf diesen Seiten, um anschließend Ihrem kurzen Spiel mehr Zeit zu widmen. Dies sollte Ihnen helfen, konstant unter 80 oder – falls Sie das bereits tun – unter Par zu spielen.

Ich möchte noch hinzufügen, dass ich in vielerlei Hinsicht die gleiche Auffassung wie Hogan vertrete und mich eher als Traditionalist betrachte, was den Unterricht des Golfschwungs angeht. Ich war schon immer der Ansicht, dass kein Golfer in diesem Sport vorankommen kann, wenn er die Grundlagen nicht versteht. Wenn Sie dann noch gleichzeitig ein gutes kurzes Spiel entwickeln können, lässt sich der Traum von einem Score unter 80 oder Par durchaus in die Realität umsetzen. Dies ist einer der Gründe, warum ich mich freue, Golfer wieder an Hogan erinnern zu können. Dieses Buch ist ein Gespräch mit Hogan über seine Schwungtheorie. Außerdem ist es eine Mischung aus dem, was wir darüber gelernt haben, und dem, was wir durch weitere Studien noch lernen können. Es ist mit anderen Worten eine Mischung aus Vergangenheit und Gegenwart mit einem Blick in die Zukunft.

Erfolgsgarantie: Hogans Schwung zeichnete sich durch Stabilität und ein hohes Maß an Balancegefühl aus.

Dieses Buch bietet mir zwar die Gelegenheit, mich mit Hogans Denkweise zu beschäftigen, gleichzeitig werde ich mir aber auch bewusst, dass ich nie selbst gesehen habe, wie der Mann einen Ball schlug. Mein Freund und Schüler David Frost, der mit Ben Hogan gut bekannt und Vertreter der Hogan Company war, hatte es einmal arrangiert, dass ich hätte zuschauen können, wie Ben Hogan in Shady Oaks, seinem Club in Fort Worth, Bälle schlägt. Leider wurde Hogan krank und mein Besuch abgesagt. Durch das Schreiben dieses Buches habe ich aber das Gefühl, als hätte ich ihn tatsächlich persönlich getroffen. Bei meinen Recherchen sprach ich mit vielen Menschen, die ihn oder sein Spiel kannten, und untersuchte jede Information über Hogan, einschließlich Bücher, Filme und Briefe. Ich habe das Gefühl, ihn gut zu kennen – nicht nur seinen Schwung, sondern auch seine Denkweise –, und ich kann nur sagen, dass ich den Mann jetzt noch mehr bewundere als zuvor.

Eine interessante Feststellung ist, dass Hogan Jahre, nachdem er das Buch geschrieben hatte, sagte, es enthielte alles, was er über den Golfschwung wisse, aber dennoch hätte er das Gefühl, es gäbe noch mehr zu lernen. Er ermutigte zu weiteren Studien und Interpretationen, indem er in *Five Lessons* erklärte: „Ich hoffe, dass diese Lektionen als Wissensgrundlage dienen, die zu weiteren Fortschritten unserer Kenntnisse über den Golfschwung führen. Jedes Jahr lernen wir etwas mehr über Golf. Jedes neue Stückchen Wissen ebnet den Weg zu mehr Wissen. Golf ist in dieser Hinsicht wie die Medizin oder andere Wissenschaften." Nick Price, mit dem ich erfreulicherweise schon seit Jahren zusammenarbeite, glaubt, dass er 25 Jahre Lernprozess auf einige wenige Jahre reduziert hätte, wenn ihm die Informationen der Gegenwart zur Verfügung gestanden hätten. Das Lerntempo ist heute schneller und komprimierter. Alle Golfer, auch jene, die schon seit Jahrzehnten spielen, können von den Fortschritten im Golfunterricht profitieren.

Ich kann auch auf Nick Faldo verweisen, mit dem ich 1985 zu arbeiten begann. Faldo wollte seinen Schwung neu aufbauen, damit er sich unter dem Druck der großen Championships auf ihn verlassen konnte. Es dauerte zwei Jahre, bis ihm die Änderungen in Fleisch und Blut übergegangen waren, und 1987 gewann er die British Open nach 18 Pars hintereinander in der letzten Runde – ein Beweis dafür, dass sein Schwung extremem Druck standhalten konnte. Er hat seitdem zwei weitere British Open sowie drei Masters gewonnen. Aus meiner Arbeit mit Faldo lernte ich, dass es für einen Golfer wirklich möglich ist, seinen Schwung umzustellen. Sicher sind nicht alle Golfer bereit, so viel Zeit zu investieren wie Faldo, denn er ist schließlich ein Tour-Pro mit einer ähnlichen Besessenheit wie Hogan. Dennoch, wie Hogan sagt, kann sich jeder Golfer verbessern, indem er an seinen Grundlagen arbeitet. Faldo und auch Tiger Woods werden vom Streben nach Perfektion getrieben. Sie streben zum Beispiel danach, ein Clubturnier zu gewinnen oder einfach eine persönliche Bestleistung zu erreichen. Hogan war davon überzeugt, und ich bin es auch: Man kann sich verbessern. Genauso, wie mich die allmählichen Änderungen bei Faldo erstaunt haben, verblüfften mich die Änderungen bei den Amateuren, mit denen ich gearbeitet habe. Nicht überraschend war das Mehr an Freude, das sie in der Folge am Golfen hatten.

Hogans Ideen liefern eine extrem wertvolle Ressource für unsere andauernden Studien. Besonders *Five Lessons* ist vielen Golfern, Trainern und Spielern ein ständiger und treuer Begleiter. Nick Price hat das Buch unzählige Male gelesen und mit Anmerkungen und Beobachtungen versehen; in manchen Punkten stimmt er mit Hogan überein, in manchen ist er anderer Meinung. Ich habe hier etwas Ähnliches vor. Ich will hier auch meine Anmerkungen zu *Five Lessons* machen und das Buch aus der Perspektive des neuen Jahrhunderts untersuchen. Ich hoffe, dass mir das mit Besonnenheit und dem erforderlichen Respekt gelingen wird. Ich würde Sie auch bitten, *Five Lessons* noch einmal zu lesen – damit Hogans Schwungtheorie noch klarer wird.

Die alleinige Absicht dieses Buches besteht darin, Sie bei der Entwicklung eines zuverlässigen Schwungs zu unterstützen. Je zuverlässiger Ihr Schwung, umso mehr können Sie sich auf ihn verlassen und umso selbstbewusster wird Ihr Spiel. Die Chancen, dieses Selbstbewusstsein zu entwickeln, sind größer, wenn Sie sich in dem, was Sie tun, sicher fühlen. Diese Sicherheit wächst, wenn Sie die richtigen Grundlagen anwenden, sodass Sie einen zuverlässigen, effektiven Schwung erzeugen und Kontrolle über Distanz, Richtung und Flugbahn des Balls ausüben können. Die psychologische Seite des Spiels, einschließlich Platzstrategie, wird dadurch ebenfalls begünstigt. Das Ziel ist zu wissen, wo der Ball landen wird und wo nicht. Der Golfer muss sich bewusst sein, dass nicht jeder Schlag perfekt sein wird: Der Schlüssel liegt darin, „bessere schlechte Schläge" zu schlagen und den Ball durch eine solide Technik im Spiel zu halten – glauben Sie an Ihre Technik, verinnerlichen Sie sie, sodass Sie auf den Platz gehen und einfach spielen können.

Wenn Ihnen dies gelingt, haben Sie das oberste Ziel erreicht – Sie können in Übungssessions Ihre Technik pflegen und dann aus reinem Vergnügen andere Schläge üben – Draws und Fades, hohe und flache. Sie werden dann genug Zeit haben, das wichtige kurze Spiel zu üben. Sie müssen, was Ihre Übungspraktiken angeht, natürlich nicht so besessen sein wie Hogan. Sinnvolles Üben mit einem definierten Ziel ist jedoch für die Verringerung Ihres Scores unablässig.

Ein Teil der Bausteine meiner Unterrichtsmethode basiert auf den Grundlagen von Hogan: Griff, Ansprechposition, Ebene, Bewegung des Unterkörpers, Einsatz der großen Muskelgruppen, Verstehen der Aufgabe der Hände und Arme, Einsatz von physikalischen Gesetzen beim Schlagen des Balls sowie die Wiederholungsübungen und das Üben vor dem Spiegel, um die Technik zu erlernen. Sein Einfluss auf meine Lehrtechnik ist unübersehbar. Mein erstes Buch, *The Golf Swing*, hatte den Stil und Aufbau von *Five Lessons* zum Vorbild. Hogans Buch ist meiner Ansicht nach der erste systematische Ansatz zum Erlernen des vollen Schwungs, eine schrittweise Anleitung, mit der ein Golfer die einzelnen Komponenten des Schwungs besser verstehen und zusammenbringen kann.

Obwohl er sein Buch um 1950 geschrieben hat, gilt vieles, was er damals geschrieben hat, bei näherer Untersuchung auch heute noch. Es überrascht also kaum, dass *Five Lessons* in den Bücherregalen aller ernsthaften Golfer zu finden ist. Es hat bei der Fortentwicklung des Golfunterrichts eine wichtige Rolle gespielt. Genau wie Hogan bin auch ich der Ansicht, dass viele Golfer nur auf der Stelle treten und sich nicht verbessern. Hogan ist selbst auch auf der Stelle getreten. In einem Artikel in *Esquire* mit dem Titel „When Golf is no Fun" (Wenn Golf keinen Spaß macht) schrieb Hogan 1942, dass er die gleiche Strafe erhalten hat, die viele sich abkämpfende Amateure nur allzu gut kennen.

„Bevor ich meine Spieltechnik gefunden hatte", schrieb Hogan dort, „spielte ich eine Runde sehr gut und die nächste ohne erkennbaren Grund hundsmiserabel. Nach schlechten Runden übte ich stundenlang, um den Ball endlich richtig zu schlagen, und dann ging ich frustriert nach Hause."

Aber Hogan wollte sich von diesem Gefühl nicht unterkriegen lassen, und so studierte er den Golfschwung mit großer Sorgfalt und Akribie, um seine Fehlerquellen zu eliminieren und ihn effizient und zuverlässig zu gestalten. Dies ist ihm gelungen, und er kam zu der Überzeugung, dass mit dem richtigen Verständnis und der Anwendung der Grundlagen sowie mit einer Portion Geduld jeder in der Lage ist, gut Golf zu spielen. Hogan hat Recht, wenn er sagt: „Etwas richtig zu machen, ist weit weniger mühsam, als etwas falsch zu machen." Ich stimme dem zu und fordere Sie auf, die folgenden Seiten im Hinblick auf das Erlernen eines zuverlässigen und effizienten Schwungs zu lesen. Ich bin davon überzeugt, dass Sie auf dem richtigen Weg sind, Ihr Potenzial zu erreichen, wenn Sie Hogans Prinzipien des Golfschwungs sowie einige jener Alternativen verstehen, die in den letzten Jahrzehnten entwickelt wurden. Dies ist der Grund, warum ich dieses Buch geschrieben habe.

1

DIE HÄNDE

Ben Hogan sagte: „Gutes Golfspiel beginnt mit einem guten Griff.“ Er glaubte und lehrte, dass bei einem grundlegend richtigen Griff die Hände als Einheit mit dem Schläger arbeiten. Hogan war der Ansicht, dass Golfer die Bedeutung des Griffs für Geschwindigkeit, Konstanz und Schlägerkopfkontrolle im Treffmoment unterschätzen.

Linke Hand

Hogan bevorzugte einen Handflächengriff für die linke Hand, da dies dem Spieler mehr Kontrolle über den Schläger verleiht, als wenn der Schläger in den Fingern liegt. Laut seinen Anweisungen sollte der Griff diagonal vom Handballen zum ersten Gelenk des Zeigefingers in der linken Hand liegen. Zudem hielt Hogan Druckpunkte im Griff für wichtig. Die Hauptdruckpunkte in der linken Hand befanden sich bei ihm von den

Bei Hogan lag der Schläger fest in der linken Hand.

Laut Hogan sollte der Schläger an den Fingeransätzen der linken Hand aufliegen.

Der Druck wurde von dem kleinen, dem Ring- und dem Mittelfinger sowie dem Daumenballen ausgeübt.

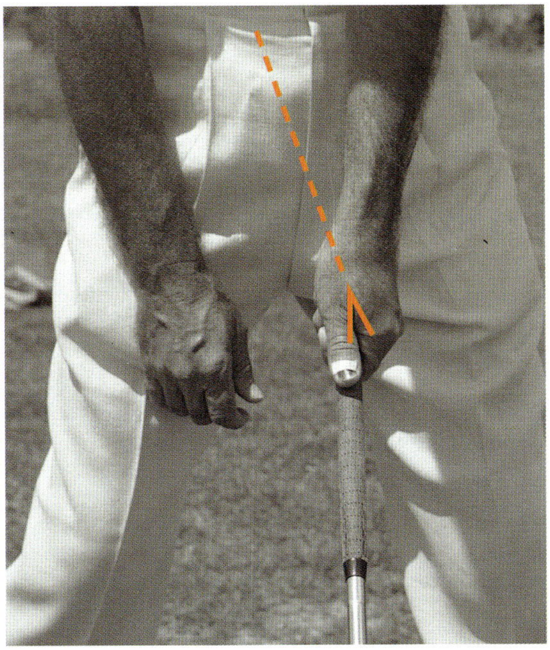

Konstanter Druck im Griff ermöglicht Schwungkontrolle.

Links: Das V zwischen linkem Daumen und Zeigefinger deutet zum rechten Auge.

Lässt der Griffdruck nach, agieren die Hände unkontrolliert, wodurch die Schwungkontrolle verloren geht.

Hogan platzierte den Schläger an den Fingeransätzen der rechten Hand.

letzten drei Fingern aufwärts und vom Daumenballen abwärts. Sie verliehen Hogans Schwung Stabilität und Exaktheit. Wenn Hogan seine linke Hand von oben betrachtete, war das V zwischen seinem Daumen und Zeigefinger auf sein rechtes Auge gerichtet.

Rechte Hand

Im Gegensatz zur linken Hand, bei der der Griff in der Handfläche liegen sollte, wollte Hogan in der rechten Hand den Griff auf den Fingern liegen haben, genauer gesagt über den oberen Gelenken der Finger kurz unter der Handfläche. Sei-Theorie zur rechten Hand war im Allgemeinen, dass sie gleich stark sein sollte wie die linke und keine dominante Rolle im Schwung spielte.

Um sicherzustellen, dass seine Hände als Einheit arbeiteten, legte Hogan den kleinen Finger seiner rechten Hand zwischen Zeige- und Mittelfinger der linken. Dann schloss er die Handfläche der rechten Hand um den Daumen der linken. Der Druck in der rechten Hand kam von Mittel- und Ringfinger sowie vom Knöchel des

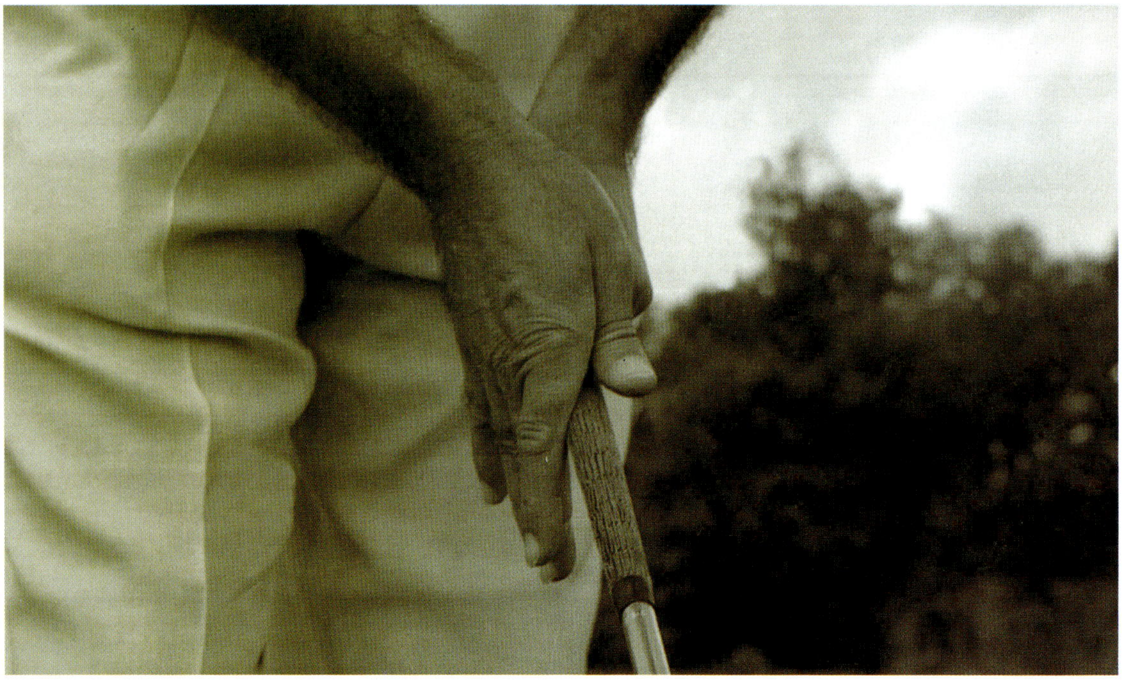

Die rechte Hand lag über dem linken Daumen.

rechten Zeigefingers. Wenn Hogan den Griff seiner rechten Hand betrachtete, war das V zwischen Daumen und Zeigefinger auf sein Kinn gerichtet (im Gegensatz zum V der linken, das auf das rechte Auge zeigte). Als Übungshilfe zur Neutralisierung der stärkeren rechten Hand, und um ein Gefühl dafür zu bekommen, wie beide Hände zusammenwirkten, übte Hogan den Schwung (ohne einen Ball zu schlagen) mit dem rechten Daumen und Zeigefinger vom Griff gelöst.

Hogan wollte einen sicheren, bequemen, aktiven und spannungsfreien Griff. Mit einem guten Griff kann ein Spieler die Kontrolle über den Schläger behalten und viele verschiedene Schläge durchführen – hohe und flache, Draws und Fades –, die für ein komplettes Spiel erforderlich sind. Hogan hat Golfern geraten, immer wieder an ihrem Griff zu arbeiten, um sicherzustellen, dass jedes Detail perfekt ist.

Der rechte kleine Finger lag in der Grube zwischen dem linken Zeige- und Mittelfinger.

Der linke Daumen verschwand unter der rechten Hand.

Ring- und Mittelfinger bestimmten den Griffdruck.

Hogan empfahl, zu Übungszwecken mit vom Schlägergriff losgelöstem Daumen und Zeigefinger zu schwingen.

Hogans außergewöhnlich flexible Handgelenke und Daumen

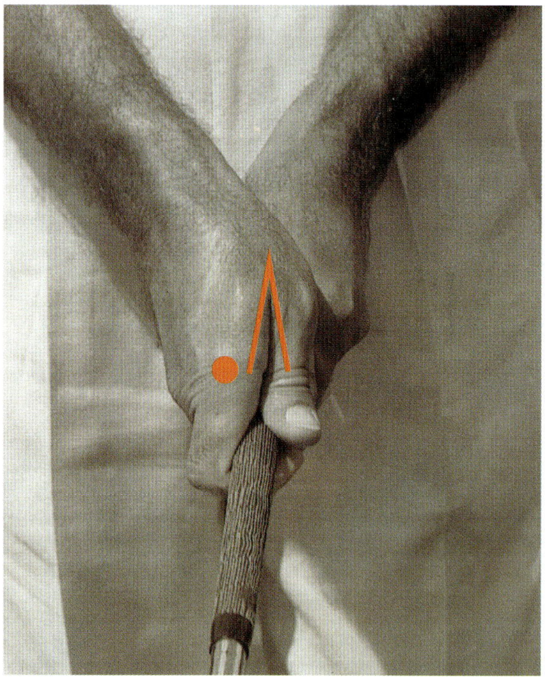

Hogan legte Wert darauf, dass das V, gebildet vom Daumen und Zeigefinger der rechten Hand, zum Kinn zeigte. Mit dem Knöchel des Zeigefingers beeinflusste er den Griffdruck.

Der Griffdruck hing bei Hogan vom linken Ring-, Mittel- und kleinen Finger sowie vom rechten Ring- und Mittelfinger ab.

Meine Ansicht

Hogan verfügte über einen makellosen Griff, ganz so, als wären seine Hände dafür gemacht, den Golfschläger zu greifen. Er strebte nach einem sicheren, freien und bequemen Griff, der ihm mit höchstmöglicher Effizienz erlaubte, den Ball kontrolliert zu schlagen. Er wollte sicherstellen, dass sich seine Hände während eines Schlages niemals trennten. Er arbeitete lange Zeit daran, seinen Griff zu perfektionieren und unterzog ihn im Laufe seiner Karriere mehreren Modifizierungen. Diese Umstellungen waren Teil seines viel zitierten „Geheimnisses". In jungen Jahren hatte Hogan sehr mit starken Hooks zu kämpfen, daher baute er seinen Schwung auf einer Anti-Hook-Bewegung auf. „Mir wird richtig schlecht, wenn ich einen sehe", hörte man ihn angeblich sagen. Sein „Geheimnis" bestand also im Grunde genommen darin, den Hook aus seinem Spiel zu verbannen. Auf dieses „Geheimnis" werde ich später noch näher eingehen.

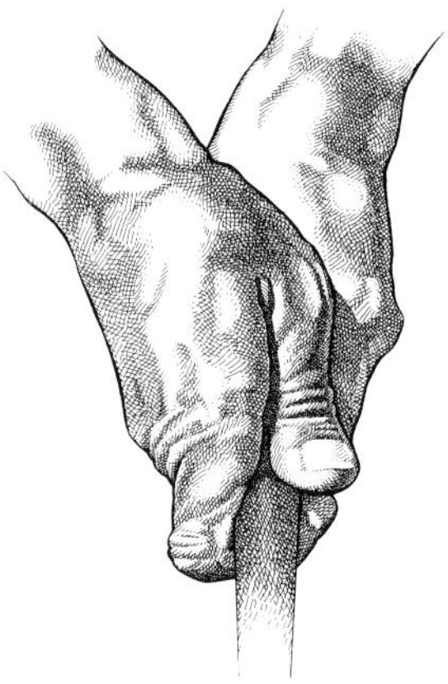

Meiner Meinung nach laufen Golfer Gefahr, in ernste Schwierigkeiten zu kommen, wenn sie sich Hogans sehr handballenorientierten Griff zum Vorbild nehmen. Auf den Fotos lässt sich deutlich erkennen, dass der Schläger sehr weit oben im Handteller liegt. Die Probleme vergrößern sich, wenn der Schläger primär mit dem linken Handteller und nur mit den rechten Fingern gehalten wird. Dieser Griff führt bei den meisten Golfern zu einem Slice, zudem werden sie weder Schlägerkopfgeschwindigkeit erzeugen noch die Schlagfläche im Treffmoment square an den Ball schwingen können. Hogan verdankte gerade diesem Griff seine kontrollierten Schläge, ich bin aber überzeugt, dass dies bei der Mehrheit der Golfer nicht der Fall sein wird.

Der Schläger lag weit oben in Hogans linkem Handteller.

Hogan war ein Ausnahmeathlet mit einem sehr dynamischen Schwung, der die aufgebaute Energie äußerst kraftvoll auf den Ball übertragen konnte. Er verfügte über starke, schnell agierende Hände, sein Schwung erinnert an das Schnalzen einer Peitsche. Sein großes Schwungtempo war unter anderem das Ergebnis seiner enormen Beweglichkeit im Handgelenk- und Daumenbereich, dank derer er den Schläger im Rückschwung weit über die Waagerechte hinaus schwingen konnte. Beachten Sie den Winkel seines Daumens! Diese extreme Biegung, kombiniert mit der Beweglichkeit seiner Handgelenke, ließ den Schlägerkopf im Abschwung weit hinter den Händen bleiben. Seine erstaunliche Beweglichkeit wurde mir schon als Kind bewusst, als ich Bilder seines Schwungs betrachtete und versuchte, diese Positionen nachzuahmen. Auch ich wollte kraftvoll in den Ball hineinschwingen. Allerdings musste ich – so wie die große Mehrheit der Golfer, denen ich seither begegnet bin – rasch feststellen, dass mir dies nicht möglich ist, weil ich nicht über diese enorme Beweglichkeit in Daumen und Handgelenk verfüge.

Die hohe Flexibilität und die Verzögerung des Treffmoments können aber auch Probleme verursachen. Eine, wenn auch nur leicht, geschlossene Schlagfläche kann in Kombination mit verzögertem Treffen und schnellem Handeinsatz im Treffmoment zu Schwierigkeiten führen. Dies war auch bei Hogan der Fall, der zunächst bei langen Schlägen in Turnieren, hier insbesondere mit dem Driver oder mit Fairway-Hölzern, oft starke Hooks schlug. Er musste daher einen Weg finden, den Handeinsatz zu minimieren und dadurch mehr Ballkontrolle zu erlangen. Länge war dabei niemals sein Problem, vielmehr Kontrolle und Timing. Er war der Überzeugung, dass Griffkorrekturen seine Richtungsprobleme lösen könnten – was in seinem Fall auch zutraf.

Hogan war der Meinung, nur kleine Griffkorrekturen vorgenommen zu haben, ich hingegen betrachte sie als substanzielle Veränderungen. 1945 verlagerte er seinen linken Daumen etwas mehr nach oben auf den Schaft, was man als „kurze Daumenposition" bezeichnet. Da der lang gestreckte Daumen ein stärkeres Abwinkeln der Handgelenke bewirkt, konnte Hogan durch das Verkürzen des linken Daumens seine linke Hand festigen und das Abwinkeln des Handgelenkes einschränken. Darüber hinaus verkürzte sich dadurch sein Schwung etwas, sodass Hogan den

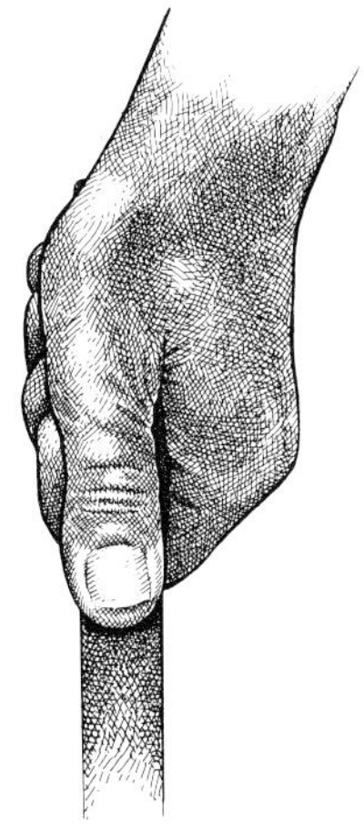

Kurzer Daumen

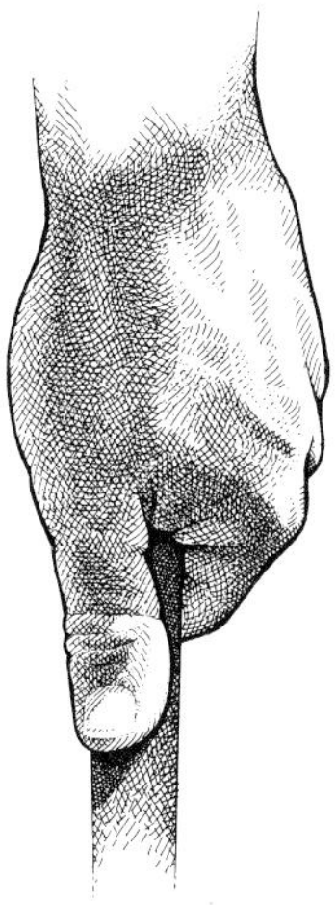

Langer Daumen

Kurzer Daumen – kurzer Schwung

Langer Daumen – langer Schwung

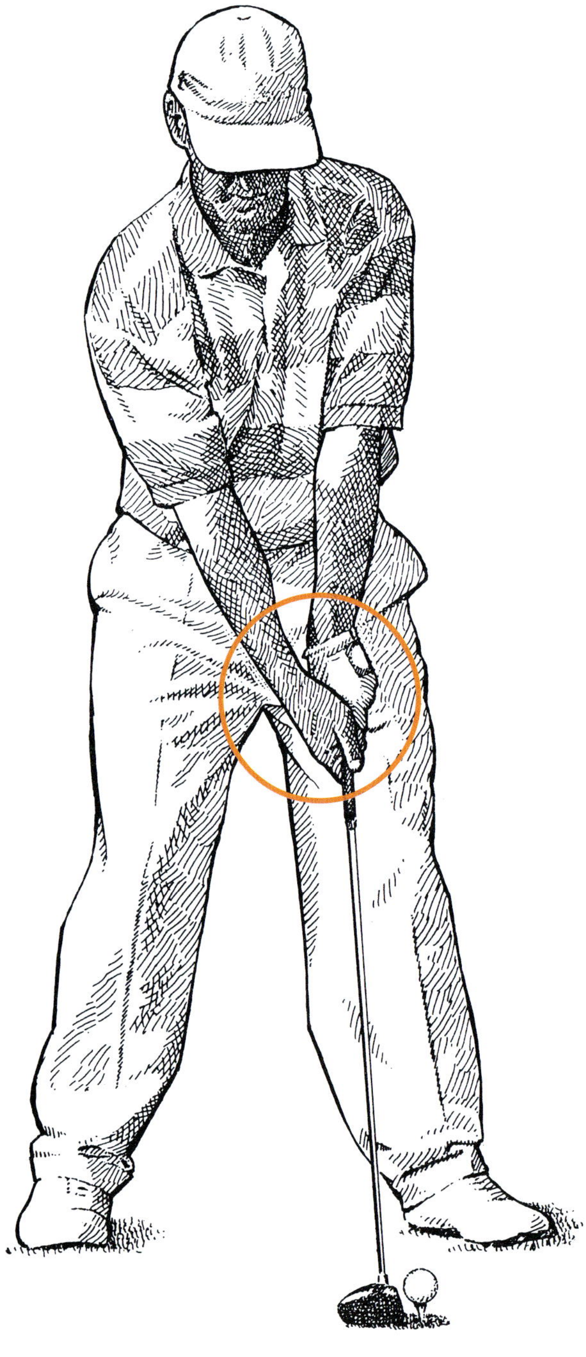

Greift stark mit der linken Hand: David Duval

Schläger am höchsten Punkt des Rückschwungs besser unter Kontrolle hatte. Durch das festere linke Handgelenk verringerte er die erhebliche Verzögerung im Abschwung, wodurch er Ballkontrolle und Timing verbesserte.

Die nächste Griffkorrektur bestand darin, die linke Hand entgegen dem Uhrzeigersinn nach links zu drehen, sodass er, von oben betrachtet, nur noch den linken Zeigefinger-Wurzelknochen sehen konnte. Sein linker Daumen lag nun genau in der Mitte des Schlägergriffes, anstatt, wie ursprünglich, ein wenig rechts davon. Gleichzeitig drehte er seine rechte Hand, ebenfalls gegen den Uhrzeigersinn, etwas nach links. Dadurch lag auch diese auf dem Schlägergriff auf, die Verbindung der beiden Hände fühlte sich also genauso an wie zuvor.

Als Konsequenz wurde sein Griff, wie man in der Golfersprache sagt, „schwach" (was nicht im Sinne von kraftlos gemeint ist). Dadurch bereitete es Hogan weniger Mühe, die Schlagfläche länger offen zu halten. Er konnte fortan hart mit der rechten Hand zuschlagen, ohne dabei die Schlagfläche frühzeitig zu schließen, was wieder einen Hook zur Folge gehabt hätte. Nach diesen Veränderungen hatte Hogan fast sein Ziel erreicht, den Hook zu eliminieren. Nur ein kleines Teilchen fehlte noch, um das Puzzle zu vollenden.

Hogan behauptete auch, nur kleine Korrekturen an einem ohnehin korrekten Schwung vorgenommen zu haben, weil diese für ihn persönlich hilfreich waren. Viele Golfer aber kopierten seinen Griff, egal ob sie Hook-Probleme hatten oder nicht, und waren mit dem Griff völlig erfolglos. Heute spielen viele Golfer, auch Tour-Profis, mit einem durch die beiden etwas nach rechts verdrehten Hände stärkeren Griff (bei dem, von oben betrachtet, zwei bis drei Fingerknöchel der linken Hand zu sehen sind) – ohne Angst haben zu müssen, starke Hooks zu schlagen. Diesen Griff würde ich auch Ihnen empfehlen. Zwei Topspieler, Paul Azinger und David Duval, schlagen trotz ihrer starken Griffe äußerst kontrollierte Fades. Um einen Hook zu kurieren, genügt es nicht, „nur" den Griff zu schwächen!

Wer nun mit dem Gedanken spielt, den linken Daumen etwas zu verkürzen, um mehr Kontrolle zu erlangen, sollte einen wichtigen Faktor nicht aus dem Auge verlieren: Hogans außergewöhnliche Flexibilität in Handgelenken und Daumen erlaubten ihm, trotz eines etwas verkürzten Daumens, dessen ganze Kuppe flach auf dem Griff zu halten. Bei den meisten Spielern würde sich dabei aber ein deutlicher Spalt unter dem Daumen bilden, was die Schlägerkopf-Kontrolle eher reduzieren würde, weil nur eine kleinere Daumenfläche auf dem Griff aufläge. Als Faustregel plädiere ich daher für einen eher „langen linken Daumen", was ein korrektes Abwinkeln der Handgelenke erleichtert.

Hogans Griff sah nicht nur großartig aus, für ihn war er absolut perfekt, da er erfolgreich seinen Hook bekämpfte. Die meisten Spieler tendieren aber eher zum Slice. Diesen würde Hogans Griff nicht zu besseren Schlägen verhelfen – ganz im Gegenteil, das Ergebnis wären eher Bälle mit „Bananenkurven". Ein schwacher Griff stellt hier keine Korrektur, sondern einen Fluch dar.

Für Spieler mit einstelligem Handicap – und besser

Ich habe versucht, die Ursprünge und Grundgedanken von Hogans Griff zu erklären. Er hat sich offensichtlich sehr ausgiebig mit der Frage nach einem Anti-Hook-Griff beschäftigt – was sich schon daran zeigt, dass er diesem Schwung-Aspekt in *Five Lessons* ein ganzes Kapitel gewidmet hat. So schrieb auch Gardner Dickinson: „Dieses Buch ist in erster Linie ein Leitfaden, um einen starken Hook zu bekämpfen. Es handelt sich dabei aber um ein Problem, das nur wenige Golfer tangiert." Nach vielen Versuchen war Hogan auf den Griff gestoßen, der ihn sehr weit brachte und eine große Schwung- und Ballkontrolle ermöglichte. Es gibt aber durchaus empfehlenswerte Alternativen, zumal man sich stets vor Augen führen sollte, dass Hogans Griff eine persönliche Kreation war, die ihm half, seine Schwungtendenzen zu neutralisieren. Art Wall jun., der US-Masters-Sieger von 1959, spielte oft mit Ben Hogan und bestätigte mir, dass Hogan sehr schnell schwang und mit ebenso schweren wie steifen Schlägern spielte. Hierbei handelte es sich um weitere Elemente seiner Anti-Hook-Strategie. Dass er auch diese Schläger zu kontrollieren vermochte, verdeutlicht nur, wie stark er war und wie viel Schlägerkopfgeschwindigkeit er erzeugen konnte. Die meisten Spieler, die versuchten, mit seinen schweren, steifen Schlägern zu spielen, mussten das Unterfangen wegen mangelnden Erfolges abbrechen!

Hogan propagierte einen Griff, bei dem der Schläger links vorrangig mit dem Handteller und rechts mit den Fingern gehalten wird. Im Großen und Ganzen stimme ich hier mit ihm überein, empfehle allerdings einige geringfügige Veränderungen, insbesondere für die Spieler, die im Daumen- und Handgelenkbereich nicht sonderlich beweglich sind oder die einen beständigen Draw schlagen möchten – womit ein Großteil aller Golfer angesprochen sein dürfte.

Schauen wir uns zunächst die linke Hand an. Ich habe festgestellt, dass die meisten ernsthaften Schwungprobleme daher rühren, dass der Schläger in der linken Hand zu sehr im Handteller gehalten wird, wodurch der Spieler ver-

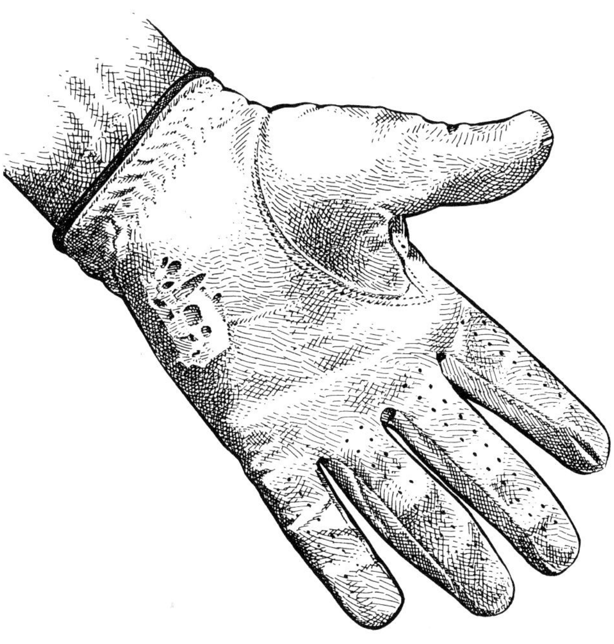

Indiz für einen zu weit oben in der Hand liegenden Schläger: ein Loch im Handschuh

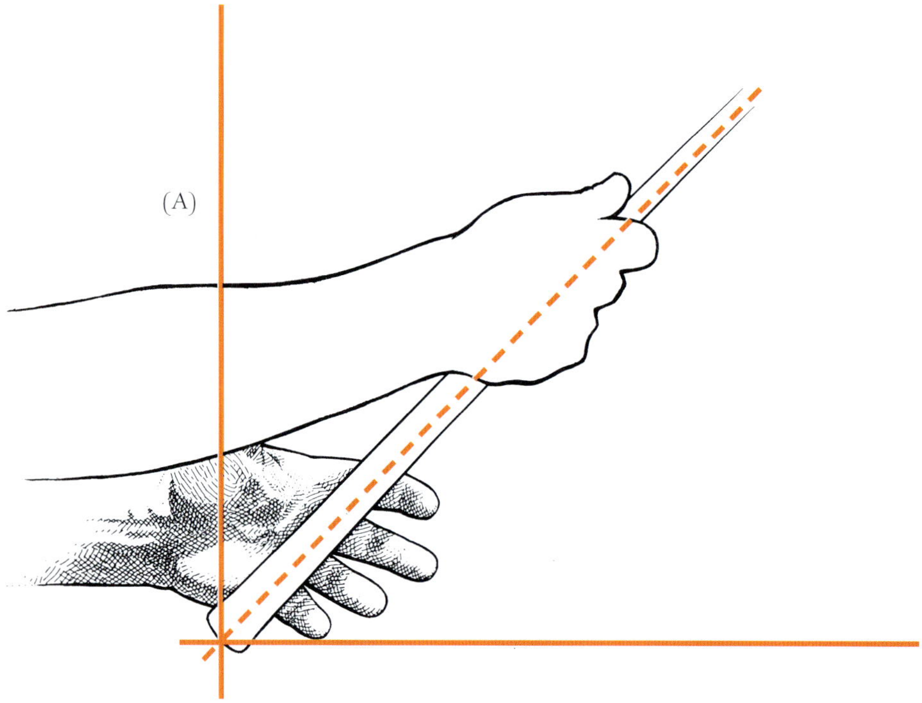

Die richtige Positionierung des Schlägers in der linken Hand

krampft und seine Handgelenk-Beweglichkeit eingeschränkt wird. Dadurch kann er das Handgelenk nicht korrekt abwinkeln und keine gute Hebelwirkung erzeugen. Liegt der Schläger zu weit oben in der Hand, kann man dies schon daran erkennen, dass sich der Handschuh am oberen Ende des Handtellers durchwetzt. Ursache dieses Griff-Fehlers ist zumeist, dass dem Golfer sein Schwung nicht kraftvoll genug ist. Eine daraufhin forcierte Bewegung wirkt sich in der Folge hauptsächlich zu Beginn des Schwungs, am höchsten Punkt des Rückschwungs und im Treffmoment aus. Dabei wird Reibung zwischen Hand und Griff erzeugt, die sich durch das Loch im Handschuh auswirkt. Lösung verheißt eine kleine Änderung, die sich für die meisten Golfer schon nach kurzer Zeit gut anfühlt. Auch Sie werden erstaunt sein, wie viel Hebelwirkung erzeugt wird, wenn die linke Hand korrekt positioniert ist! Schließlich agiert die linke Hand wie ein Scharnier zwischen Arm und Schläger, wodurch eine flüssige Bewegung gefördert wird. Bei meinem Lösungsvorschlag, auf den ich gleich detailliert eingehen werde, fühlt der Golfer sofort, dass er mühelos Kraft entwickeln und somit dem Schläger den nötigen „Kick" geben kann.

Aufgrund seiner großen Beweglichkeit verfügte Hogan von Haus aus über eine große Hebelwirkung. Sein Handgelenk-Einsatz, während er den Schläger erst zurückführte und dann durch den Treffmoment „hindurchpeitschte", erlaubte ihm, eine gewaltige Schwungkraft zu erzeugen. Um so weit zu kommen, muss ein Golfer die Handgelenke korrekt abwinkeln. Wenn er den Schläger zu sehr im Handteller hält, geht die Hebelwirkung verloren. Eine Vielzahl weit verbreiteter Fehler, wie zu starkes Aufdrehen der Schlagfläche, ein zu sehr nach oben geschwungener Schläger oder eine falsche Position des rechten Ellbogens am höchsten Punkt des Rückschwungs, kann die Folge sein. Um den schlechten Griff zu kompensieren, wird der Golfer versuchen, den Schläger durch übertriebenen Oberkörpereinsatz zu beschleunigen. Beim Golfschwung geht es aber um eine Bewegung ähn-

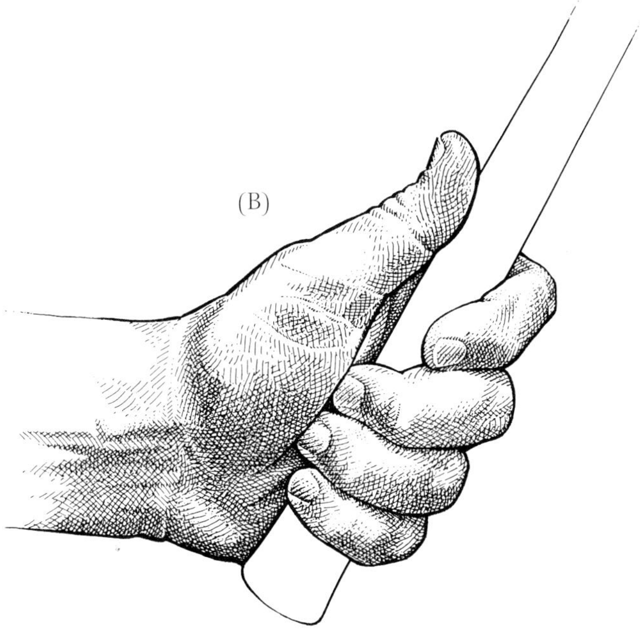

Die linke Hand wird um den Schlägergriff geschlossen.

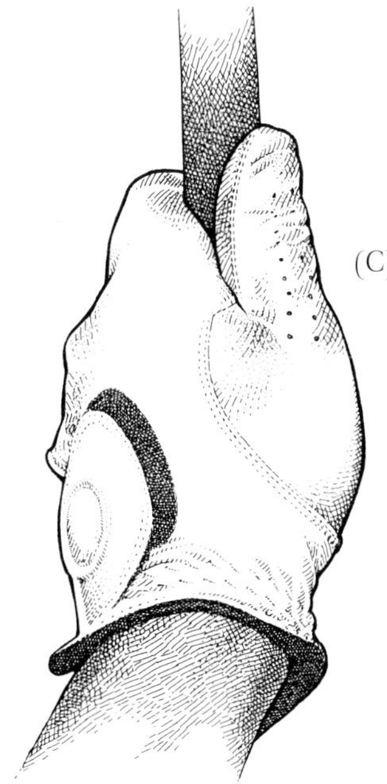

Der neutrale Griff mit der linken Hand: Das Handgelenk ist leicht angewinkelt, zwei Knöchel sind sichtbar, das V zeigt zum rechten Auge.

lich dem Schnalzen einer Peitsche. Versuchen Sie das einmal mit steifen, festen Handgelenken! Sie werden rasch feststellen, dass Ihr restlicher Körper versucht, die mangelnde Beweglichkeit im Handgelenk auszugleichen. Das übertrieben starke Greifen des Schlägers mit dem linken Handteller ist ein weit verbreitetes Problem. Oftmals machte eine Griffkorrektur aus chronischen Slicern über Nacht Spieler, die den Ball mit Draw spielen und somit – bedingt durch die bessere Schlägerkopf-Beschleunigung – erheblich an Schlagweite gewinnen. Dies rührt daher, dass der Golfer nun seine Handgelenke korrekt abwinkelt, mehr Kick und Hebelwirkung erzeugt und den Schwung wirklich durch den Ball hindurch beschleunigt.

Linke Hand

Lassen Sie mich erklären, wie ich Sie gerne den Schläger mit der linken Hand greifen sähe. Halten Sie den Schläger mit der rechten Hand im 45-Grad-Winkel vor sich nach oben. Führen Sie nun die linke Hand von der Zielseite im 90-Grad-Winkel zum Schlägerschaft, sodass der Schlägergriff diagonal von der Fingerkuppe des linken Zeigefingers zum Ansatz des kleinen Fingers verläuft (A). Nun brauchen Sie nur noch die Hand zu schließen. Der Daumen liegt ganz natürlich auf dem Schaft, er wird nicht bewusst gestreckt oder verkürzt, aber ganz leicht gegen den Zeigefinger gedrückt (B). Wenn Sie den Schläger nun wieder vor sich halten, sollten Sie mindestens zwei Fingerknöchel sehen können (drei Knöchel, wenn Sie ein hartnäckiger Slicer sind). Im Bereich des Handgelenks sollten Sie am oberen Rand des Handschuhs eine leichte Biegung erkennen. Das V, gebildet von Daumen und Zeigefinger, sollte etwa zu ihrem rechten Auge zeigen, so wie dies schon Hogan empfahl (C). Der Griff der linken Hand ist primär ein Handballen- bzw. Handtellergriff, wobei der Schläger weit unten im Handteller nahe der Finger liegt. Dadurch bleibt die Beweglichkeit des Handgelenks erhalten.

Es ist wichtig, dass die linke Hand korrekt platziert ist, überprüfen Sie daher ihre Haltung re-

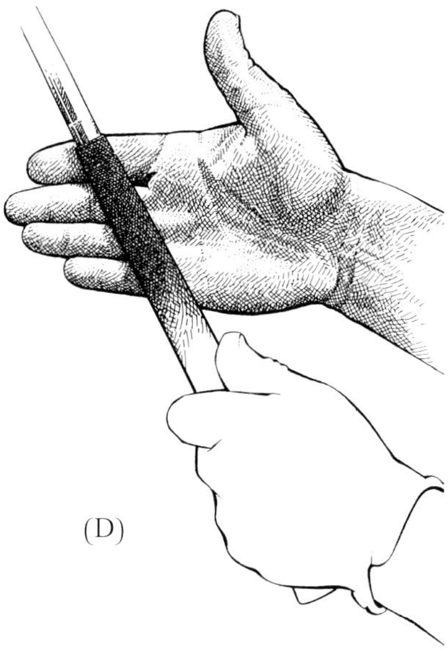

Rechts wird der Schläger vorrangig mit den Fingern gegriffen.

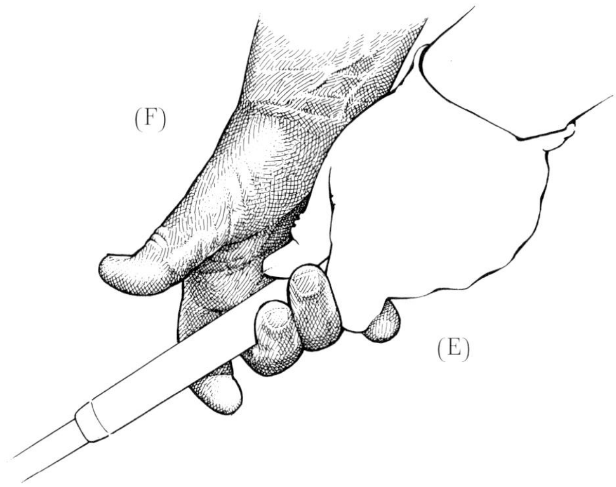

Die Pistolen-Abzug-Position, auch „Trigger" genannt, des rechten Zeigefingers und Daumens

gelmäßig und sorgfältig. Bei einem korrekten Griff sollten Sie das Schlägergewicht deutlich spüren, ohne dabei die Hand anzuspannen. Sie sollten das Handgelenk natürlich abwinkeln können, um so die notwendige Hebelwirkung zu erzeugen. Letztendlich ist die Frage, wo man den Schläger mit der linken Hand greift, eine individuelle Angelegenheit. Hogan zog es vor, ganz oben zu greifen, wovon er sich mehr Kontrolle versprach. Ich rate den meisten Golfern, den Schläger so zu greifen, dass dessen Griffband nur ein oder zwei Zentimeter über den kleinen Finger hinausragt. Hogan vertraute dem Gefühl, weniger Spannung zu verspüren und dadurch etwas langsamer schwingen zu können, wenn er den Schläger am obersten Ende griff. Wie bereits gesagt, handelt es sich hier um eine Frage der individuellen Präferenz. Am besten ist es auszuprobieren, was einem am meisten zusagt.

Rechte Hand

Nehmen wir nun die rechte Hand unter die Lupe. Hogan hielt den Schläger gerne mit den Fingern, gleich unterhalb des Fingeransatzes. Meiner Meinung nach verläuft der Schläger genau diagonal durch die Hand und berührt de facto den Handteller genau oberhalb des kleinen Fingers, wenn man den Schläger nur mit der rechten Hand hält. Ich stimme mit Hogan überein, dass der Griff der rechten Hand primär ein Greifen mit den Fingern ist, bin jedoch der Meinung, dass die rechte Hand die gleiche Haltung wie die linke einnehmen sollte, der Schläger also auch diagonal durch die rechte Hand verläuft. Die meisten Spieler werden sich mit diesem Griff sicherer fühlen. Halten Sie den Schläger erneut im 45-Grad-Winkel zum Körper nach oben, diesmal jedoch mit der linken Hand, und platzieren Sie den Schläger diagonal über die Finger der rechten Hand (D). Schieben Sie nun den kleinen Finger der rechten Hand zwischen den linken Zeige- und Mittelfinger (E). Schließen Sie die rechte Hand über dem linken Daumen, sodass er in den kleinen Hohlraum unterhalb des rechten Daumens rutscht (G). Wichtig ist, die „Zangen"-Wirkung zwischen dem rechten Zeigefinger und Daumen zu neutralisieren. Legen Sie Ihren rechten Zeigefinger und Daumen wie beim Greifen einer Pistole an, wodurch sich zwischen Zeige- und Ringfinger ein kleiner Spalt bildet (F).

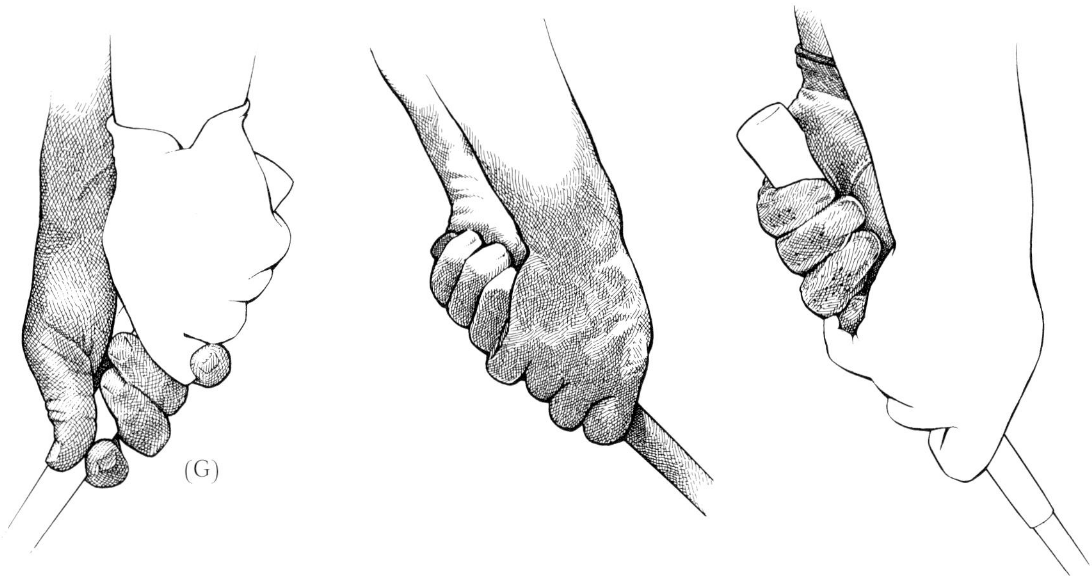

Hogan empfahl, den Schläger am obersten Schlägergriff-Ende zu greifen. Ich ziehe es vor, wenn vom Griffende noch etwa ein Zentimeter zu sehen ist.

Ohne diese Pistolenhaltung würde die rechte Hand dazu neigen, den Schläger wie einen Hammer zu halten. Was wiederum – von der verstärkten Anspannung abgesehen – den rechten Arm und die Schulter schon in der Ansprechposition in eine zu dominante Stellung brächte.

Das Erfolgsgeheimnis besteht darin, den Schläger zu greifen, während er im 45-Grad-Winkel zum Körper in der Luft gehalten wird. Die meisten Golfer haben einen schlechten Griff, weil sie den Schläger greifen, während er am Boden aufsteht. Dadurch greifen sie ihn von vornherein zu weit oben im linken Handteller, ehe sie dann die rechte Hand platzieren. Aus dieser Stellung heraus können sie den Griff nicht korrigieren. Lernen Sie von Beginn an, den Schläger korrekt zu greifen! Halten Sie sich genau an die vorgeschlagene Vorgehensweise, dann wird sich der Griff in kurzer Zeit bequem und natürlich anfühlen.

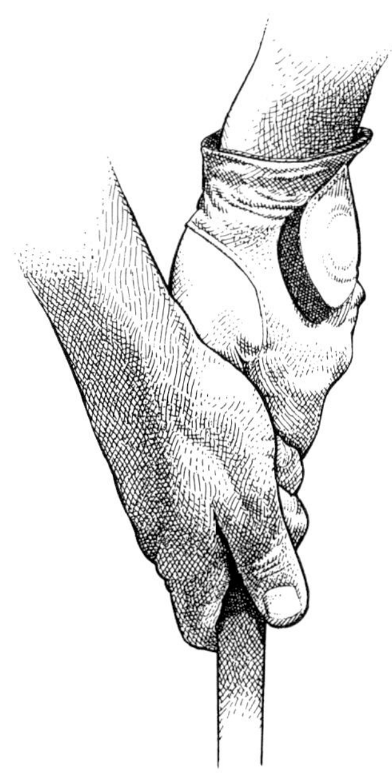

Das Ergebnis eines konsequenten Griffaufbaus: ein korrekter Griff, der sich auch bequem anfühlt

Moderne Schäfte verjüngen sich stark und fühlen sich am unteren Griffende oft sehr dünn an. Daher rate ich, dort, wo die die rechte Hand ansetzt, ein paar Lagen Griffband mehr auf den Schläger zu wickeln. Der etwas dickere Griff ver-

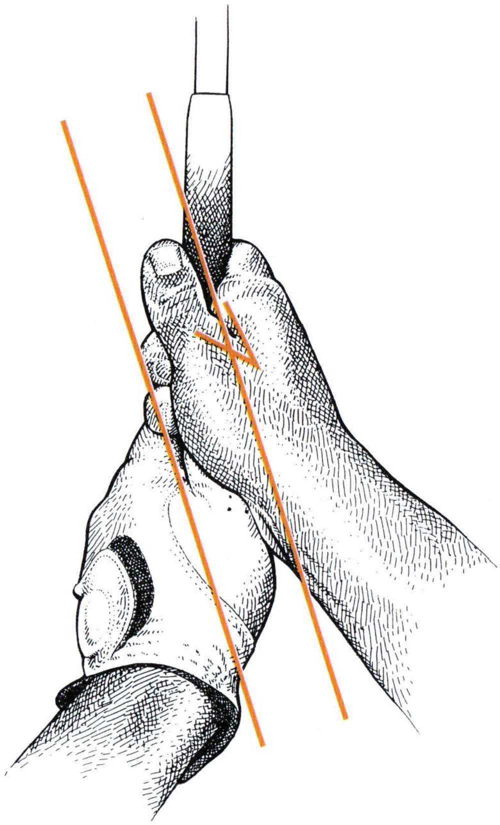

Die Hände erscheinen parallel zueinander – mit einem zur rechten Schulter ausgerichteten V der rechten Hand.

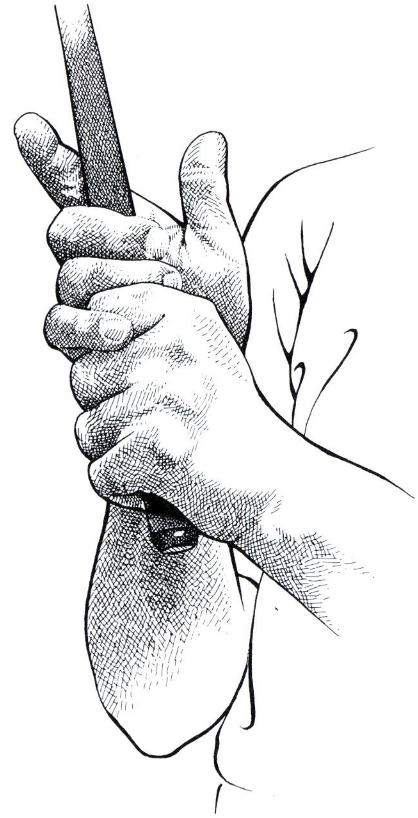

Hogans abgeänderte Version des Vardon-Griffs

stärkt das Gefühl der Pistolenabzugshaltung gegenüber der Hammerhaltung. Das V, gebildet durch rechten Daumen und Zeigefinger, sollte eher zur rechten Schulter als zum Kinn zeigen. Wenn hingegen ein guter Spieler Hook-Probleme hat, würde ich sicherlich die Idee in Betracht ziehen, den Schläger etwas mehr in den Fingern zu halten, so wie Hogan es tat. Ich wäre bemüht, den Spieler so zu korrigieren, dass die Schlagfläche im Treffmoment etwas mehr geöffnet ist. Hierbei handelt es sich um ein Experiment, bei dem eine etwas „schwächere" rechte Hand hilfreich sein kann. Der Grundgedanke ist, einen Griff zu finden, bei dem die Hände parallel zueinander liegen, damit sie – uniform auf dem Schläger aufliegend – als Einheit auf die Schwungbewegung einwirken können.

Wie schon Hogan erkannte, ist es unumgänglich, dass beide Hände als Einheit agieren und sich während des Schwungs nicht trennen. Mich hat Hogans leicht modifizierte Fassung des Vardon-Griffs überzeugt (der rechte kleine Finger liegt im Spalt zwischen dem Zeige- und dem Mittelfinger der linken Hand und wird nicht, wie bei Vardon, nur über den Zeigerfinger gelegt), da dieser Griff in meinen Augen die Hände fester zusammenhält. Auch ich würde daher diese Form der Schläger-Hand-Verbindung empfehlen. An dieser Stelle sei allerdings erwähnt, dass einige der besten Spieler – Jack Nicklaus, Tom Kite oder auch Tiger Woods – den Interlocking-Griff verwenden. Ich glaube aber, dass der Vardon-Griff nach weniger Druck in den Fingerkuppen verlangt und somit für Spieler mit größeren Händen die bessere Lösung darstellt.

Einige letzte Gedanken zum Thema Griff: Achten Sie auf den Druck im linken Mittel-, Ring- und kleinen Finger, wenn Sie den Schläger grei-

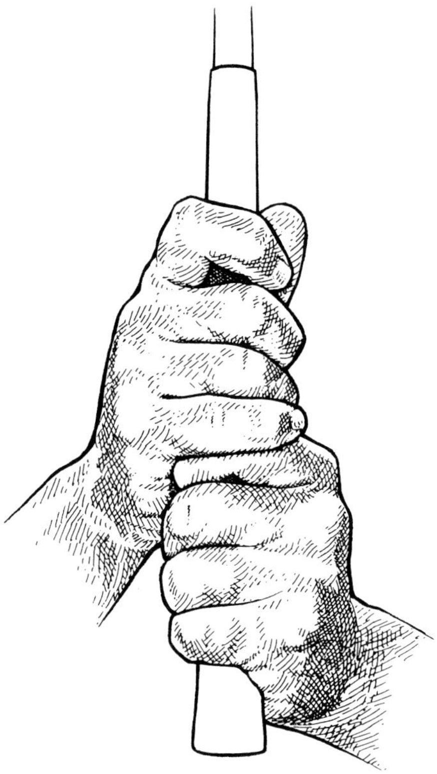

Der Vardon-Griff

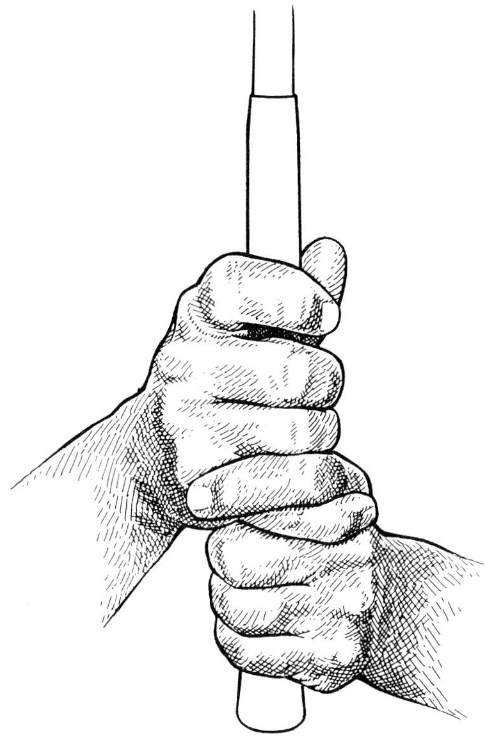

Der Interlocking-Griff

fen – ganz so, wie schon von Hogan empfohlen. Üben Sie von der rechten Lebenslinie her einen leichten Druck auf den linken Daumen aus. Dieser Druck wird die Hände während des Schwungs zusammenhalten. Ein Golfer, der den Schläger richtig greift und ohne unnötige Anspannung das Schlägergewicht korrekt spürt, wird diesen Griff innerhalb kürzester Zeit als bequem und natürlich empfinden. Viele Golfer scheuen vor einer Griffkorrektur zurück, weil sie befürchten, die Umstellung könnte sich monatelang unbequem anfühlen. Meine Erfahrungen haben mich jedoch gelehrt, dass ein nach Fortschritten strebender Spieler bald das Gefühl hat, den Schläger niemals anders gehalten zu haben. Ein korrekter Griff ist letztlich die natürliche Art, einen Schläger zu greifen. Er erweist sich für Golfer aller Spielstärken und Altersgruppen, ob nun Damen, Herren, Junioren, Senioren, Amateure oder Tourspieler, als äußerst hilfreich.

Der Griff, den ich meinen Schülern nahe bringe, ist primär ein Handballen- bzw. Handtellergriff mit der linken sowie ein Fingergriff mit der rechten Hand. Allerdings empfehle ich einige geringfügige Veränderungen, die großen Einfluss auf das Spiel haben.

Zu guter Letzt gilt es zu berücksichtigen, dass der Schein manchmal trügen kann. Ein Griff mag auf den ersten Blick gut wirken. Dessen sicher kann man sich aber erst sein, wenn man die Hände öffnet und schaut, wie der Schläger in den Händen liegt. Überprüfen Sie Ihren Griff regelmäßig, da es rasch passieren kann, dass Sie in alte Gewohnheiten zurückfallen. Wenn Sie die vom Körper erzeugte Schwungenergie über die Hände auf den Schlägerkopf übertragen möchten, müssen die Hände bei jedem Schlag perfekt positioniert sein. Ein guter Griff ist die Voraussetzung für bestmögliches Golfspiel.

2

DIE ANSPRECH-POSITION

Für Ben Hogan war die Ansprechposition der nächste wichtige Schritt nach dem Griff. Beim „Setup“, wie diese auch genannt wird, richtet sich der Golfer zum Ziel aus und bringt seinen Körper dann in eine Position, aus der er frei schwingen kann, ohne die Balance zu verlieren. Hogan war der Ansicht, dass mit Hilfe des richtigen Setups mit den großen Muskeln Kraft erzeugt und diese auf den Schlägerkopf übertragen werden kann.

Wenn Hogan seine Ansprechposition einnahm, richtete er den Schlägerkopf zum Ziel und dann seinen Körper zum Schlägerkopf aus. Sein Stand war relativ breit, was ihm eine sichere Balance bot. Ein Golfer, der ein Eisen 5 schlägt, sollte seine Füße ungefähr schulterbreit platzieren. Für längere Schläger sollte

Der rechte Fuß steht im 90-Grad-Winkel zur Ziellinie, der linke Fuß ist um eine Vierteldrehung nach außen gerichtet.

Hogan war der Meinung, dass ein nach außen gestellter rechter Fuß zu Schwungproblemen führen könnte.

der Stand breiter, für kürzere enger sein. Ein zu breiter oder zu enger Stand beeinträchtigt die Balance und die Bewegungsfreiheit.

Hogan schlug vor, den rechten Fuß rechtwinklig zur Ziellinie zu platzieren und den linken Fuß dann um ungefähr eine Vierteldrehung zum Ziel zu drehen – um etwa 20 Grad. Ein Golfer, der seine Füße so platziert, würde beim Rückschwung seine Hüften nicht überdrehen. Würde man den rechten Fuß ebenfalls so ausdrehen und nicht rechtwinklig zur Ziellinie platzieren, bestünde die Gefahr, dass der linke Arm schwingt, absinkt oder zu stark abgewinkelt wird, da der rechte Fuß zu viel Bewegungsfreiheit bietet. Diese Fehler führen zu einer schwachen, nicht gespannten Position am höchsten Punkt des Rückschwungs. Ein nach außen gedrehter rechter Fuß kann Arme und Schläger beim Abschwung auch auf einen Weg nach außen und um die Hüften herum zwingen.

Kein Geringerer als der zweifache US-Open- und Masters-Gewinner Carl Middlecoff ist der Meinung, dass Hogans Rat, den linken Fuß nach außen zu drehen, schon lange zum Standardverfahren gehörte. „Das geht mindestens bis (Harry) Vardon zurück", schrieb Middlecoff, „und es besteht allgemeine Übereinstimmung, dass diese Platzierung des linken Fußes die Abschwungbewegung der Hüften erleichtert und es dem Spieler einfacher macht, durch den Ball zu schwingen." Hinsichtlich der Position der Arme in der Ansprechposition stimmte Hogan dem schon lange bestehenden Prinzip zu, dass der Spieler einen möglichst großen Bogen anstreben sollte. Horace Hutchinson, 1886 und 1887 britischer Amateurmeister, schrieb 1895, dass „der Schlägerkopf so weit wie möglich vom Ball weg nach hinten schwingen sollte" und dass die Arme „beim Rückschwung auf ihre volle Länge oder zumindest so weit wie möglich ohne Überdehnung gestreckt werden sollten". Fast ein halbes Jahrhundert später schrieb Bobby Jones, dass der Schwungbogen „möglichst groß sein sollte, damit möglichst viel Raum und Zeit besteht, um dem Schlägerkopf mehr Geschwindigkeit für den Abschwung zu verleihen". Hogan folgte also ganz und gar der allgemein verbreiteten Theorie. Er arbeitete daran, dass während des Schwungs mindestens ein Arm gerade oder ganz ausgestreckt ist – um den größtmöglichen Bogen, das heißt maximale Kraft und Konstanz zu erzielen.

Die Armbeuge zeigt zum Himmel: Hogan stellte sich vor, seine Arme würden durch ein Seil zusammengehalten.

Hogan schrieb, dass in der Ansprechposition die Oberarme an die Brust gedrückt und die Ellbogen nahe beieinander sind und auf die jeweiligen Hüftknochen zeigen. Er wies darauf hin, dass die Armbeugen Richtung Himmel und nicht auf den anderen Ellbogen zeigen sollten. Er stellte sich vor, die Ellbogen wären mit einem Seil zusammengebunden, um sicherzustellen, dass die Ellbogen-/Armposition über den gesamten Schwung beibehalten wird. Der linke Arm sollte in der Ansprechposition gerade herunterhängen, der rechte Arm am Ellbogen jedoch leicht abgewinkelt sein. Dadurch kann sich der rechte Ellbogen beim Rückschwung des Schlägers eng am Körper abwinkeln und am höchsten Punkt des Rückschwungs zum Boden zeigen (seiner Meinung nach die ideale Position).

Falsch: nach außen gerichtete Ellbogen

Hogans letzter Punkt hinsichtlich der Ansprechposition befasste sich mit der Körperhaltung von Rumpf und Knien. Er stellte sich einen Golfer vor, der die Ansprechposition in aufrechter Haltung einnimmt und sich dann ein paar Zentimeter tief beugt, als wolle er sich auf einen Sitzstock setzen (siehe Seite 33). Diese halb sitzende Position würde dem Spieler ein Gefühl für

Gestreckter linker Arm

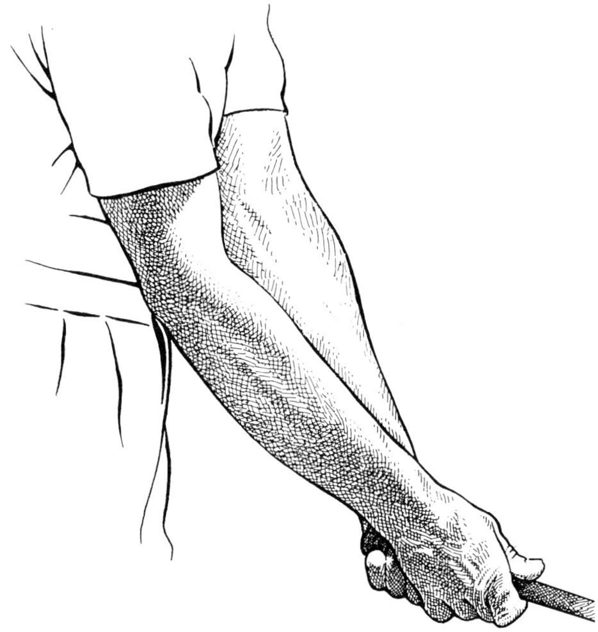

Der linke Arm ist gestreckt, der rechte leicht abgewinkelt.

Demonstration einer zu starken Beugung der Knie

Demonstration einer schlechten Ballansprache

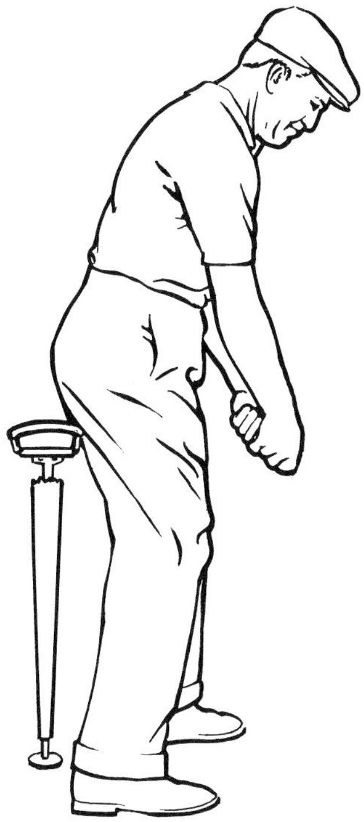

Das Einnehmen der Standposition: Man steht gerade vor dem Ball und hält den Schlägerkopf über dem Ball.

das Gewicht des Gesäßes verleihen, die Unterschenkel stärker einbeziehen, das Gewicht auf die Fersen verlagern. Die Schulter dürfen nicht vorgebeugt sein, die Beine nicht steif und die Knie nicht zu stark gebeugt, wie es bei vielen Golfern zu beobachten ist. Tommy Armour, ein hervorragender Lehrer und Spieler, der 1927 die US Open, 1930 die PGA Championship und 1931 die British Open gewann, empfahl eine ähnliche Position: „Stehen Sie so aufrecht wie möglich am Ball; nicht steif, sondern bequem aufrecht mit leicht gebeugten Knien." Hogan war ebenfalls für eine gebeugte Knieposition und bevorzugte einen leichten Knick der Knie nach innen (das rechte etwas mehr als das linke). In dieser athletischen Position fühlte sich Hogan stabil und ausbalanciert und bereit für den richtigen Schwung.

Meine Ansicht

Es ist kaum möglich, Hogans athletische Ansprechposition mit Hilfe von Standbildern zu verdeutlichen. Sie war kraftvoll, lebendig und energisch. Seine aufrechte Haltung – verhältnismäßig gerader Oberkörper, leicht gebeugte Knie – stand im direkten Zusammenhang mit seinem

Nun beugt man sich leicht zum Ball, winkelt die Knie etwas an und platziert den Schlägerkopf hinter dem Ball.

Im normalen Stand war Hogans rechter Fuß nicht so rechtwinklig ausgerichtet, wie er dies eigentlich empfahl.

Körperbau: Er war 1,72 Meter groß, hatte lange Arme und eine ausgeprägte Gesäß- und Oberschenkelmuskulatur. Dadurch konnte er die Schultern auf einer flachen, waagerechten Ebene drehen, was wiederum die charakteristische flache Schwungebene zur Folge hatte. Hogan sagte, er gebe sich gerne dem Gefühl hin, wie sein Gewicht auf den Fersen lastet. Ich glaube aber, dass sein Gewicht vorrangig auf dem Mittelfuß oder gar den Fußballen ruhte – so wie bei einem Basketballspieler, der sich gerade auf einen Freiwurf vorbereitet. Fotos verraten, dass sein Gewicht – seinem aufrechten Stand zum Trotz – weitaus weniger auf den Fersen ruhte, als er dies vermutete.

Hogans Ansprechposition bildete eine solide Basis, und sein breiter Stand trug während des Schwungs zur makellosen Balance bei. Es gilt aber zu bedenken, dass Hogans Beweglichkeit einzigartig war. Er musste daher eine Stellung finden, die seine Drehfreudigkeit einschränkte, damit er seinen Schwung besser kontrollieren konnte. Einer der Faktoren, mit denen er seine Hüftdrehung im Rückschwung reduzierte, war sein fast im rechten Winkel zur Ziellinie gestellter rechter Fuß. Ich sage hier bewusst „fast“, denn obgleich Hogan der Meinung war, seinen Fuß in einem 90-Grad-Winkel zur Ziellinie zu stellen, lässt sich doch auf nahezu allen Bildern erkennen, dass auch er den rechten Fuß geringfügig nach außen drehte. Ich habe festgestellt, dass es den meisten Spielern, und besonders den etwas unbeweglicheren, Probleme bereitet, mit einem rechtwinklig zur Zielseite ausgerichteten rechten Fuß die rechte Körperseite im Rückschwung korrekt zu drehen. Dadurch begrenzen sie den „Spielraum“ sowohl der Schultern als auch der Hüfte. Was den linken Fuß betrifft, so stimme ich mit Hogan überein, dass eine „20-Grad-nach-außen-Stellung“ ideal ist. Ich habe nachgemessen, wie weit Hogan seinen linken Fuß nach außen drehte, und stellte fest, dass es bei ihm mindestens 30 Grad waren. Ich rate Spielern, die Probleme mit einer zu lateralen und schiebenden Hüftbewegung haben, ihren linken Fuß weniger als 20 Grad nach außen zu drehen, um Schwungfehlern entgegenzuwirken.

Die Anpassungen, die Hogan in seiner Ansprechposition vorgenommen hat, standen im direkten Zusammenhang mit seinem Wunsch nach einer Anti-Hook-Bewegung. Ich bin bereits auf die „schwache" Stellung seiner linken und den „Fingergriff" seiner rechten Hand eingegangen. Hieraus resultierte, dass sich sein rechter Arm in der Ansprechposition deutlich über dem linken Arm befand – eine typische Anti-Hook-Stellung. Was den Rest seiner Ausrichtung betrifft, so hatte Hogan keine konventionelle Ansprechposition: Füße, Knie, Hüfte und Schultern waren nicht parallel zur Ziellinie ausgerichtet. Seine Schlagfläche zeigte zum Ziel, die Füße standen – nach rechts ausgerichtet – geschlossen und Knie, Hüfte sowie Schultern waren leicht geöffnet, also links vom Ziel ausgerichtet.

Die Anti-Hook-Position: rechter Arm über dem linken

Bemerkenswert ist auch, dass sich Hogans Hände in der Ansprechposition sowohl bei Eisen als auch bei Hölzern in der Mitte des Standes befanden. Dadurch entstand der Eindruck, sie seien hinter dem Ball. Im Gegensatz dazu halten die heutigen Tourspieler die Hände in der Ansprechposition vor dem Ball. Ich rate, die Hände beim Driver etwas hinter dem Ball zu lassen, damit der Ball erst nach dem tiefsten Schwungpunkt getroffen wird. Beim Eisen indes sind die Hände etwas vor dem Ball zu halten, damit der Schlägerkopf noch in der Abwärtsbewegung auf den Ball trifft.

Hogans Arme wirkten entspannt – er hielt sie keineswegs so bewusst beieinander, wie er dies lehrte.

Hogan war bemüht, keine unnötige Bewegung in seinen Schwung einfließen zu lassen. Er bediente sich der Vorstellung, seine Arme seien mit einem Seil zusammengebunden, um die Ellbogen während des Schwungs so eng wie möglich beieinander zu halten. Ich glaube jedoch nicht, dass diese geistige Brücke der Mehrheit der Golfer eine Hilfe ist, denn sie führt zu einer Verkrampfung in der Ansprechposition, anstatt die Hände als Einheit agieren zu lassen, was in Hogans Sinne wäre. Bei genauer Betrachtung von Hogans Ansprechposition fällt auf, dass seine Arme überhaupt nicht angespannt wirken. Ganz im Gegenteil, schließlich sprach auch er selbst von einem „genüsslichen Spiel, in dem unnatürliche Anspannung weder nötig noch wünschenswert" sei. Ferner zeigen die Innenseiten seiner Ellbogen, von ihm „Taschen" genannt, nicht in dem Ausmaß zum Himmel, wie er dies eigentlich propagierte. Das Bild des Seils vermittelte Hogan offensichtlich ein Gefühl der Sicherheit. Er suchte nach einer soliden Verbindung zwischen Oberkörper und Armen (was man heute als „connected" bezeichnet!) und war der Meinung, dies am leichtesten zu erreichen, wenn er die Verbindung schon in der Ansprechposition herstellt. Seine Armstellung war darauf angelegt, den rechten Arm am höchsten Punkt des Rückschwungs so nah wie möglich am Körper zu halten. Für einen Spieler mit seiner Beweglichkeit eine ideale Lösung, in meinen Augen aber für die Mehrheit der Spieler nicht ratsam. Mehr zu diesem Thema zu einem späteren Zeitpunkt.

Einer von Hogans exzellenten Ratschlägen lautet, die Schultern gerade zu halten, sprich, sie nicht hängen zu lassen. Stattdessen ist der Kopf aus dem Nacken heraus nach vorne zu beugen – und nicht etwa aus dem Rücken oder den Schultern. Auch ich plädiere für den entspannten Nacken und lockere Schultern. Der obere Rückenbereich hat leicht gerundet zu sein, und der Körper sollte sich in der bereits beschriebenen „halb sitzenden" Position befinden. Beachten Sie auch, dass der Körperbau für Stand und Körperhaltung eine wesentliche Rolle spielt. Nicht jeder Golfer kann sich an einem „Referenzmodell" orientieren. Klein oder groß, beweglich oder unbeweglich, schlank oder füllig, kurze oder lange Arme und Beine – allesamt Faktoren, die bei der Ansprechposition berücksichtigt werden sollten. Daher unterscheidet sich jeder Golfer in seiner Ansprechposition vom anderen. Wichtig ist, dass der Schlag stets aus einer ausbalancierten Position heraus beginnt und das Gleichgewicht während des Schwungs gehalten werden kann. Der Spieler muss sich beim Beschleunigen frei bewegen können, so wie dies bei Hogan der Fall war. Dessen Körperhaltung wirkte bequem, entspannt und athletisch – weil er eine für seinen Körperbau ideale Haltung einnahm. Auch Sie können sich eine ebenso effiziente Ansprechstellung erarbeiten – auch wenn sich diese optisch etwas von Ben Hogan unterscheiden sollte.

Für Spieler mit einstelligem Handicap – und besser

Gute Spieler stehen meist ganz unterschiedlich am Ball. Die Unterschiede im Stand und in der Körperhaltung werden dabei weitgehend durch den unterschiedlichen Körperbau bestimmt. Der gemeinsame Nenner ist eine Position, die den Spieler in die „Bereitschaft" versetzt, aus einer ruhenden Stellung heraus eine hohe Schwunggeschwindigkeit zu entwickeln. Hierfür bedarf es eines makellosen Gleichgewichts, was wiederum nach einem soliden Fundament verlangt.

Es gilt, eine sportliche Ansprechposition zu finden, die den Spieler auf die bevorstehende Bewegung einstimmt. Global betrachtet, stimme ich mit Hogan überein, dass der Oberkörper aufrecht gehalten werden sollte, weil dies zweifelsfrei der Tendenz vieler Golfer entgegenwirkt, ihn zu krümmen oder zu weit nach vorne zu neigen, was eine gute Körperbewegung definitiv behindert. Andererseits kann der Gedanke an den geraden Oberkörper bei einigen Spielern eine zu aufrechte Haltung, einen zu hoch gehaltenen Kopf und/oder eine unnötige Anspannung in der Ansprechposition nach sich ziehen. Hogans Körperbau vermittelte den Eindruck, er stünde „groß", sprich aufrecht, vor dem Ball. Aber auch sein Oberkörper war beim Driver um etwa 20 Grad geneigt (die meisten Spieler neigen sich um etwa 30 Grad nach vorn). Übrigens: Aufnahmen aus Hogans frühen Tagen belegen deutlich, dass er eine Neigung zum Kippschwung hatte, als er noch steiler schwang.

Die Neigung des Oberkörpers, auch „Neigung des Rückgrats" genannt, bestimmt, in welchem Winkel die Schultern drehen. Ist der Oberkörper um 30 Grad nach vorne geneigt, können die Schultern auf einer etwas steileren Ebene drehen als bei einer Körperneigung von 20 Grad. Im Gegensatz zu Hogans flacher Schulter- und Armebene erleichtert mehr Oberkörperneigung einen steileren Armschwung. Ich bevorzuge im Allgemeinen die etwas steilere Ebene und empfehle Spielern eine Körperneigung von 30 Grad. Die Ursache für Hogans flache Schwungebene liegt in seiner aufrechten Haltung, die er zur Mitte seiner Karriere bezog. Dies mag verwir-

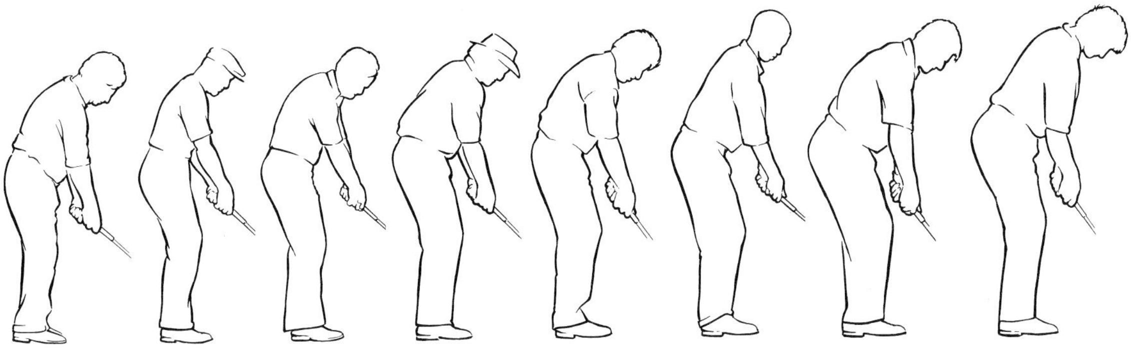

Alle großen Spieler wirken bei der Ballansprache unterschiedlich – der jeweilige Stand wird durch den Körperbau bestimmt. Der gemeinsame Nenner ist, dass alle Spieler in einer sportlichen, zum Schlag bereiten Position stehen.

rend klingen, vor allem wenn Sie bislang der Meinung waren, dass eine aufrechtere Körperhaltung einen steilen Schwung nach sich zieht. Dies ist aber nur zutreffend, wenn der Spieler die Arme während des Rückschwungs förmlich hochreißt. Bei korrekter Schulterdrehung bewirkt die aufrechte Körperhaltung eine eher waagerechte Drehung des Schultergürtels und folglich eine flache Schwungebene. Eine gebeugtere Haltung lässt die Schultern in einem senkrechteren Winkel drehen, wodurch die Schwungebene steiler ausfällt.

Ich weise unermüdlich darauf hin, dass der Schlüssel zum erfolgreichen Schwung in einem geraden Lendenbereich sowie einem entspannten, leicht gerundeten Schulter- und Nackenbereich liegt. So können die Arme locker herabhängen. Ein zu aufrechter Oberkörper bewirkt eine unnötige Anspannung. Andererseits stabilisiert ein gerader Lendenbereich den Unterkörper und ermöglicht dem Rumpf, sich um eine konstante Achse zu drehen. Daher ist ein korrekter Rückgrat-Winkel wichtig, das heißt, der Oberkörper ist nach vorne zu beugen, während die Knie gleichzeitig etwas angewinkelt werden.

Abhängig vom Körperbau (Länge des Rückens, der Beine und der Arme) variiert die Neigung des Rückgrats und die Beugung der Knie von Spieler zu Spieler. Die Oberkörperneigung wird aber auch von der Schlägerwahl beeinflusst und wird beim Wedgeschlag etwas größer ausfallen als beim Spiel mit dem Eisen 3. Ausschlaggebend ist, dass der in der Ansprechposition bezogene Neigungswinkel durch den ganzen Schwung hinweg nicht verändert wird – zumindest nicht bis nach dem Treffmoment (bei Hogan blieb er während des ganzen Schwungs unverändert).

Hierbei wird deutlich, inwieweit der Schwung eine Frage der Geometrie ist. Er beinhaltet Ebenen, Linien und Winkel, sodass man die geometrische Darstellung gut verinnerlichen kann. Dies wiederum erleichtert uns das generelle Verständnis der wesentlichen Schwungelemente und den Aufbau eines wiederholbaren Schwungs. Faustregel: Beziehen Sie eine gute Ansprechposition und verändern Sie diese Haltung während des Schwungs nicht mehr. Die „gute Ansprechposition" bezieht sich auf die für den Golfschwung notwendigen Ebenen, Linien und Winkel.

Hogan empfiehlt den schulterbreiten Stand beim Eisen 5. Ich gehe davon aus, dass bei einem Golfer von normaler Statur der schulterbreite Stand der richtige für den Driver ist. Hogans Empfehlung stimmt für groß gewachsene Spieler mit langen Beinen und für gute Spieler mit überaktiven Beinen, die so ihr Gleichgewichtsgefühl verbessern können. Warum ich für den etwas schmaleren Stand eintrete? Spieler, die nicht über die athletischen Voraussetzungen eines Ben Hogan verfügen und somit nicht schnell drehen können, ohne das Gleichgewicht zu verlieren, sollten nach einer freien Bewegung der Arme und Hände trachten, um den übertriebenen Körpereinsatz zu minimieren. Ein zu breiter Stand fördert jedoch übermäßige Körperbewegungen, sei es die Kippbewegung im Rückschwung oder die Bewegung zur Zielseite im Durchschwung. Ein schmalerer Stand indessen erlaubt einen freien, ungehinderten Arm-Hand-Schwung, was sich auch positiv auf den Rhythmus auswirkt. **Manchmal rate ich sogar, Bälle mit lediglich 15 Zentimetern Fußabstand zu schlagen, um das Rhythmusgefühl zu fördern. Versuchen auch Sie sich einmal an dieser Übung, wenn Sie das Gefühl haben, trotz großem Körpereinsatz den Ball nicht kraftvoll zu schlagen.**

Wenn ich mich im vorangegangenen Absatz des Wortes „übertrieben" bedient habe, so meinte ich dies im Sinne von „überflüssig". Der Golfschwung verträgt keine überflüssigen Bewegungen. Hogan hatte diesbezüglich zwar keine Probleme, doch ließ er beim Drive manchmal den rechten Fuß unmittelbar vor dem Treffmoment zum Ziel drehen. Dies beweist, dass sein Stand sehr breit war, doch offensichtlich betrachtete er dies als unabdingbar, um den Driver so kraftvoll wie nur möglich schwingen zu können.

Als Trainer habe ich festgestellt, dass Spieler mit sehr breitem Stand dazu neigen, den Körper übertrieben stark einzusetzen. Dadurch verringern sie ihre Schlägerkopfgeschwindigkeit und verhindern so, dass die Schlagfläche square auf den Ball trifft. Das Ergebnis ist ein kraftloser Schlag, was der Spieler aber natürlich erst im (bzw. nach) dem Treffmoment bemerkt, wenn er das Ergebnis vor Augen geführt bekommt. Korrigieren Sie Ihre Schwungbewegung bis zum Treffmoment – ein guter, erfolgreicher Treffmoment wird es Ihnen danken!

Übung ist natürlich auch der Weg zu einer guten Ansprechposition. Um zu einer athletischen Haltung zu gelangen, empfehle ich eine Übung ohne Schläger. Stellen Sie zunächst Ihre Füße bequem voneinander

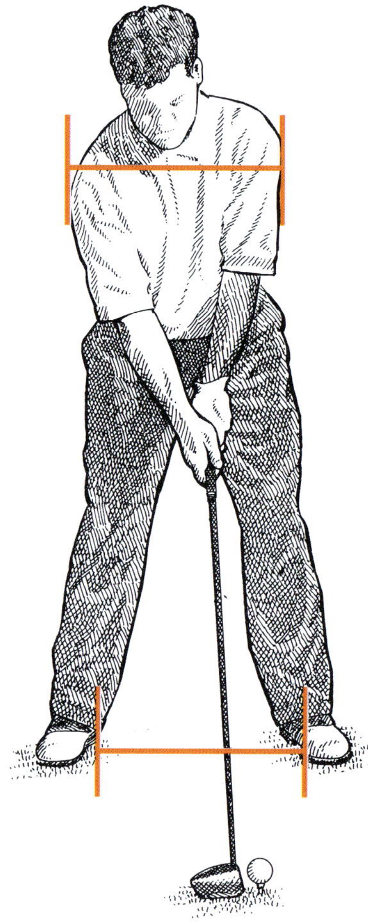

Meiner Meinung nach sollte beim Driver die Standbreite der Schulterbreite entsprechen – und mit abnehmender Schlägerlänge verringert werden.

entfernt auf den Boden, etwas enger zusammen, als von Hogan empfohlen, und legen Sie anschließend Ihre Hände auf die Hüfte. Achten Sie darauf, aufrecht zu stehen, und blicken Sie nach vorne! Beugen Sie Ihre Knie etwas und drücken Sie Ihre Hüftknochen nach vorne – der untere Bereich Ihres Rückens müsste sich nun gerade anfühlen. Vorsicht: Beugen Sie sich aus der Hüfte heraus nach vorne – und nicht aus der Bauchgegend. Nun sollte es Ihnen möglich sein, auf der Ferse und den Zehen hin- und herzuwippen, was Ihnen zeigt, dass Ihr Gewicht genau inmitten der Füße lastet. Üben Sie die Stellung zu Hause vor einem Spiegel – am besten barfuß, denn so entwickeln Sie ein besseres Gleichgewichtsgefühl. Wichtig ist zudem, dass Sie sich des Bodenwiderstandes bewusst sind, wenn Sie an Ihrer Ansprechpo-

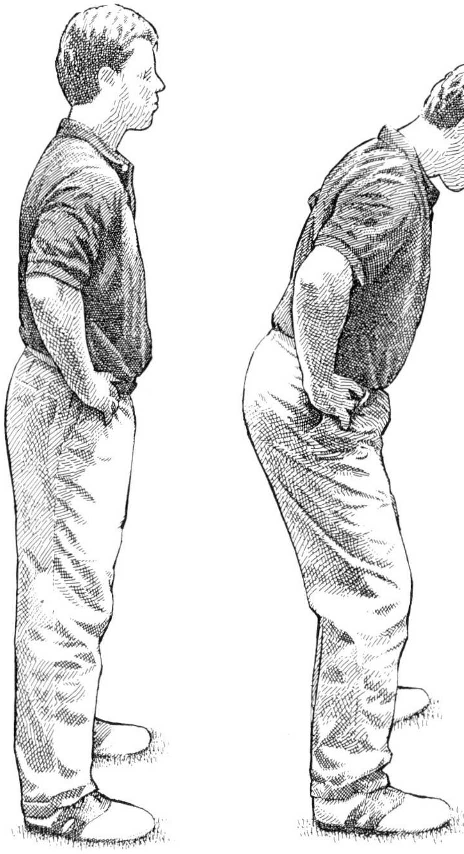

Der Aufbau einer sportlichen Position

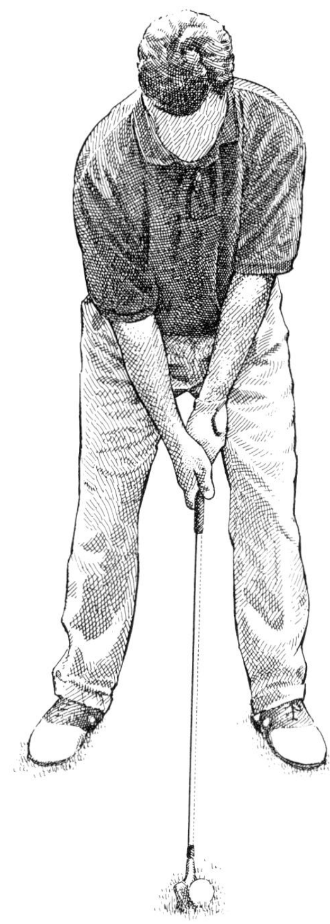

Beide Füße sind um etwa 20 Grad nach außen gestellt.

sition arbeiten. Wenn Sie dies beachten, ist Ihr Schwung auf ein solides Fundament gestellt. Wenn Sie aus dieser Haltung heraus einen Schläger in die Hand nehmen, werden Ihre Schultern und Ihr oberer Rücken von selbst leicht rund und entspannt, jedoch nicht schlaff, sondern athletisch ausbalanciert.

Die meisten Spieler täten gut daran, den rechten Fuß ein wenig nach außen zu stellen. Halten auch Sie sich an diesen Ratschlag, es sei denn, Sie sind so beweglich, dass Sie wie Ben Hogan Ihre Hüftdrehung im Rückschwung einschränken müssen. Vermutlich verfügen Sie aber nicht über diese außerordentliche Beweglichkeit! Faustregel: Wenn Sie für eine ganze Drehung mehr Bewegungsfreiheit brauchen, dann stellen Sie den rechten Fuß etwas nach außen. Müssen Sie indes Ihren „Spielraum" einschränken, so lassen Sie den rechten Fuß rechtwinklig zur Ziellinie. Welche Möglichkeit am besten Ihren Voraussetzungen entspricht, kann nur durch Ausprobieren geklärt werden. Persönlich plädiere ich für den Stand, bei dem beide Füße um etwa 20 Grad nach außen gedreht sind, weil er eine gute Drehung sowohl im Rück- wie im Durchschwung gewährleistet.

Konzentrieren wir uns nun auf die Position der Arme. Legen Sie Ihre Hände zusammen, als würden Sie Beifall spenden, und lassen Sie gleichzeitig Ihre Arme entspannt herabhängen, sodass beide Ellbogen zu den Hüftknochen zeigen. Die-

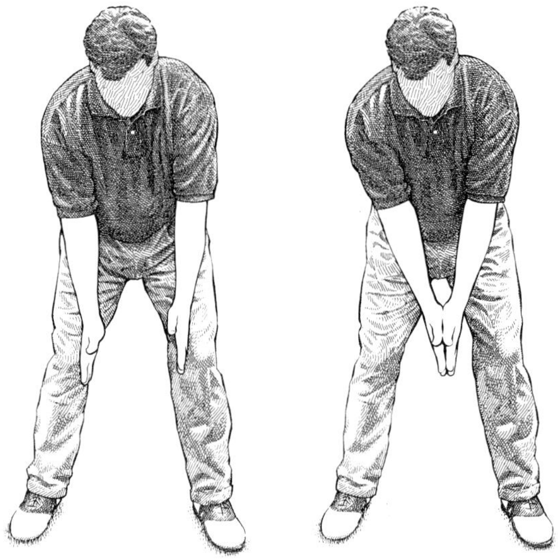

Als ob man in die Hände klatschte: die ideale Armstellung

Draw-verheißend: rechter Arm unter dem linken

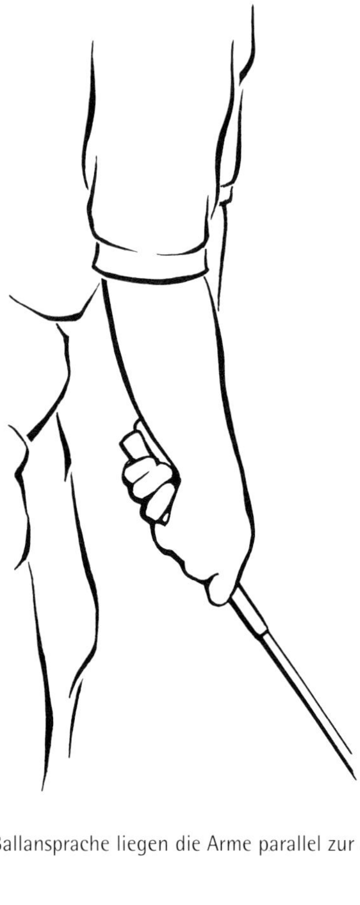

Bei der Ballansprache liegen die Arme parallel zur Ziellinie.

se Bewegung bringt ihre Arme in eine spannungsfreie, „weiche" Haltung. Wenn ich mir eine Ansprechposition in der Ziellinien-Verlängerung ansehe, so achte ich insbesondere darauf, dass beide Arme parallel zur Ziellinie verlaufen – und nicht „Hogan-ähnlich" mit einem rechten Arm, der etwas oberhalb des linken liegt. Diese Variante empfiehlt sich nur, wenn der Spieler einen Fade schlagen möchte. Hogan demonstriert hier ohne Schläger die günstigste Position zum Schlagen eines Draws: Der rechte Arm liegt etwas tiefer als der linke.

Mir gefällt es, wie Hogan in der Ansprechposition längerer Schläger den rechten Fuß etwas zurücknimmt und gleichzeitig leicht geschlossen steht (im Verhältnis zur Ziellinie sind die Füße nach rechts ausgerichtet). Dieser Stand erleich-

Der rechte Fuß ist zurückgezogen – geschlossene Position. Augen, Schultern, Hüften und Knie stehen parallel zur Ziellinie.

Höhere linke Hüfte und angewinkeltes rechtes Knie

tert die günstige Schwungrichtung „von innen zum Ball", weil sie parallel zur Fußlinie verläuft und einem Schwung „von außerhalb der Ziellinie zum Ball" vorbeugt. Ich rate jedoch, den Rest des Körpers, sprich Knie, Hüften, Schultern und Augen, möglichst parallel zur Ziellinie auszurichten. In doppelter Hinsicht vorteilhaft wirkt sich das Zurücknehmen des rechten Fußes aus. Nicht nur, dass es die korrekte Schwungrichtung fördert, es erleichtert zudem das Wegdrehen der rechten Körperseite im Rückschwung.

Gestatten Sie mir noch einige Anmerkungen: Ich schaue mir Hogans Ansprechposition am liebsten von hinten an. Beachten Sie, wie seine linke Hüfte etwas hochgezogen und das rechte Knie etwas nach innen gebeugt ist. Dadurch steht das Rückgrat nicht vertikal zum Boden, sondern es ist etwas vom Ziel weggeneigt, was beim Spieler die Vorstellung stärkt, im Rückschwung hinter den Ball zu kommen und im Treffmoment hinter dem Ball zu bleiben. Das leicht nach innen gebeugte Knie und die hochgezogene linke Hüfte (zwei bis drei Zentimeter höher als die rechte) bewirken, dass die rechte Körperhälfte etwas nach unten verlagert ist.

Noch ein Wort zum Knie: Ich stimme mit Hogan überein, das rechte Knie etwas nach innen zu drücken, lehne dies aber für das linke Knie ab. Denn in diesem Falle würde die Drehung behindert, was den „Reverse Pivot", den Kippschwung, nach sich ziehen kann. Ich rate, das linke Knie auf Höhe der Innenseite des linken Fußes zu halten. Erstens, weil es so natürlich aussieht, und zweitens, weil es sich gut anfühlt.

Im mittleren Teil dieses Kapitels bin ich bereits kurz auf Hogans aufrechte Ansprechposition zu sprechen gekommen. Wie bereits erwähnt, plädiere ich für einen etwas stärker geneigten Oberkörper, als dies bei Hogan der Fall war. Allerdings gilt auch hier das Motto: Probieren geht über Studieren. Dreht beispielsweise ein Spieler im Rückschwung auf einer zu steilen Ebene, wodurch der Schläger fast senkrecht schwingt, so rate ich zur aufrechteren Haltung à la Hogan, weil dadurch die Schulterdrehung abgeflacht wird. Dreht ein Golfer indes im Rückschwung auf einer zu flachen Ebene, so ist der Oberkörper etwas mehr nach vorne zu neigen.

Vergessen Sie nie, dass die Körperhaltung innerhalb der Schwungbewegung eine Konstante darstellt. Es gibt keinen Grund, diese statische Position nicht korrekt erlernen zu können, wobei sich hierbei die Arbeit vor dem Spiegel anbietet. An keinem anderen Bereich arbeite ich mit den Tourspielern öfter als an der Ansprechposition, die sich unbemerkt immer wieder verändern kann – aus nachvollziehbaren Gründen, denn Beugen, Strecken und Kippen sind keine natürlichen Haltungen und somit schwer ins Muskelgedächtnis zu integrieren. Hinzu können unterschiedliche Rahmenbedingungen kommen: Heute ist man auf einem hügeligen Platz mit vielen Hanglagen konfrontiert, morgen können starke Winde und Nässe bewirken, dass Sie einen breiteren Stand beziehen, weil Sie sich so sicherer fühlen. Spätestens übermorgen ist dann damit zu rechnen, dass sich Ihre Ansprechposition ein wenig verändert hat.

Auch die körperliche Verfassung kann eine Rolle spielen. Ernie Els ist hierfür ein Paradebeispiel: Der Südafrikaner macht am Ende der Saison immer den Eindruck, leicht „durchzuhängen“, wenn er vor dem Ball steht. Er neigt sich etwas mehr zum Ball, wodurch sein Rückschwung etwas enger wird, was wiederum im Abschwung nach einer Ausgleichsbewegung verlangt. Überprüfen Sie Ihre Körperhaltung regelmäßig, denn sie verändert sich bisweilen unbewusst, was sich stets negativ auf Ihren Schwung auswirken wird.

Eine falsche Körperhaltung ist die Wurzel vieler Schwungprobleme. Gehen Sie daher diszipliniert zu Werke und überprüfen Sie Ihre Haltung bei jeder sich bietenden Gelegenheit. Wichtig ist, sich der Bedeutung einer guten Körperhaltung für das Golfspiel bewusst zu sein. Alle Mühen und Geduldsproben werden sich auszahlen. Sie können mir glauben: Ein guter Stand und eine gute Körperhaltung sind Grundvoraussetzung für einen guten Schwung – bei Golfern aller Spielstärken.

An dieser Stelle möchte ich auch kurz auf die Schläger zu sprechen kommen. Es ist wichtig, dass das Material zum Spieler passt, weil sonst keine gute Ansprechposition eingenommen und kein jederzeit wiederholbarer Schwung aufgebaut werden kann. So kann sich bei einem kleineren Golfer, der mit Standard-Lie-Schlägern spielt, die Spitze des Schlägerkopfes vom Boden abheben. Der somit zu aufrechte Lie bewirkt eine Neigung zum Linksdrall. Ergo müsste sich dieser kleiner gewachsene Golfer für Schläger mit flacherem Lie-Winkel entscheiden. Spielt indes ein groß gewachsener Spieler mit Standard-Lie-Schlägern, wird sich die Schlägerkopf-Ferse vom Boden abheben – Indiz dafür, dass der Lie zu flach ist. Die Bälle werden bevorzugt nach rechts fliegen. Empfehlung an diesen Spieler: Verwenden Sie Schläger mit aufrechterem Lie-Winkel. Der richtige Schläger zeichnet sich dadurch aus, dass die Schlägerkopfsohle relativ eben auf dem Boden aufliegt, es bedarf somit keiner Ausgleichsbewegungen, um den Ball gerade zu schlagen. Bedenken Sie: Kompensationen entwickeln sich unvermeidlich zum Schwungfehler! Maßgeschneiderte Schläger bieten sich aus vielerlei Gründen an: Sie garantieren nicht nur den richtigen Lie, die richtige Länge und die richtige Schaftflexibilität, sondern auch korrektes Schaftmaterial (Grafit oder Stahl) und Gewicht sowie passende Griffdicke und Schlägerkopfform. All diese Aspekte spielen eine Rolle, um die Richtung zu kontrollieren und die höchstmögliche Schlagweite zu erzielen. Mit maßgeschneiderten, Ihrem Schwung angepassten Schlägern vergrößern Sie Ihre Chancen, Ihr gesamtes spielerisches Potential auszuschöpfen. Denn gute Technik geht mit korrektem „Werkzeug“ Hand in Hand.

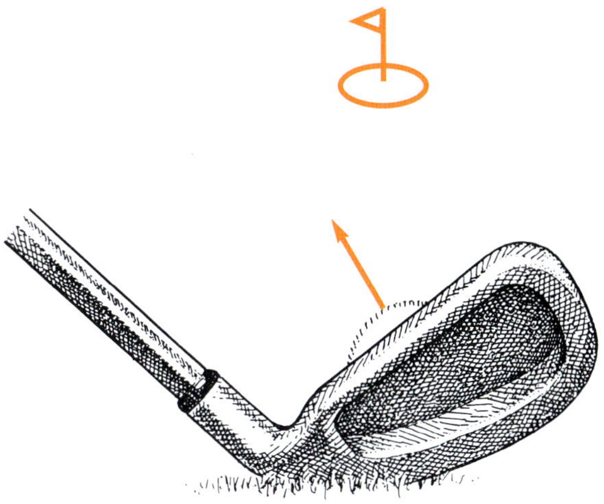

Zu steiler Lie-Winkel –
der Ball fliegt nach links.

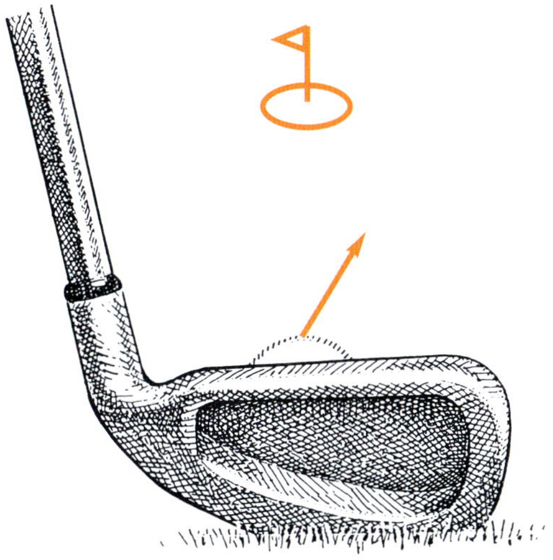

Zu flacher Lie-Winkel –
der Ball fliegt nach rechts.

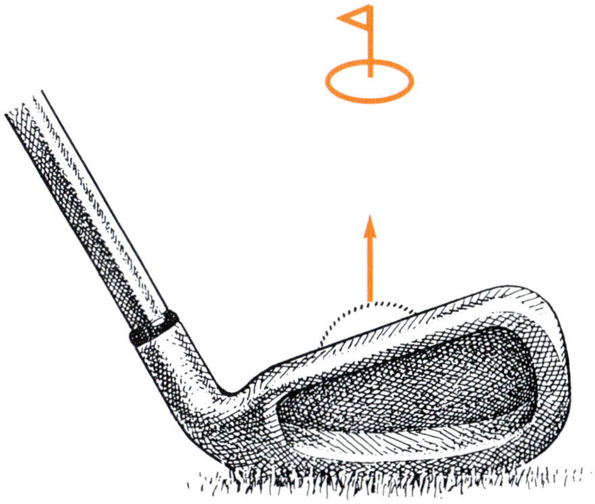

Korrekter Lie-Winkel –
der Ball fliegt gerade.

3

DER RÜCK-SCHWUNG

Nachdem er den Golfschwung jahrelang studiert und hin und wieder auch unterrichtet hatte, glaubte Ben Hogan um 1946, dass er dessen Dynamik jetzt verstanden habe. Er arbeitete zielstrebig, mit Entschlossenheit und über viele Stunden ganz allein, war aber aufgeschlossen genug, von anderen zu lernen. Der Tour-Pro-Kollege Ky Laffoon gab Hogan beispielsweise Ratschläge für den Abschlag am Übungstee im Tacoma Country Club. Hogan war aufnahmefähig wie ein Schwamm – immer am Studieren, Experimentieren und Verbessern. Sein erstes Buch *Power Golf* widmete er Henry Picard, einem hervorragenden Spieler und Lehrer seinerzeit. Picard half Hogan hin und wieder mit seinem Spiel und veranlasste ihn, seinen Griff zu ändern, um die Hooks abzustellen.

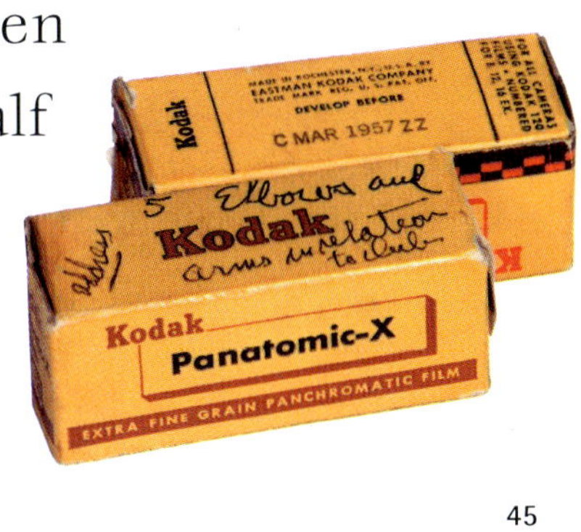

Der Waggle leitet Richtung und Tempo des Rückschwungs ein.

Beim Waggle berührt der rechte Ellbogen die rechte Hüfte, der linke Ellbogen dreht leicht.

Hogans hart erarbeitete Erkenntnisse wurden auf den großen Championships unter Beweis gestellt. 1946 gewann er die PGA Championship sowie zwölf weitere Turniere und schloss die Saison als Gewinner der Preisgeldliste ab. Hogan hatte sich bewiesen, dass sein Schwung auch extremem Druck standhielt. Er vertraute auf seinen Schwung, denn er hatte eine Methode entwickelt, die für ihn so gut wie unanfechtbar war.

In Anbetracht seiner Detailversessenheit überrascht es kaum, dass er jeden Schwungaspekt für wichtig hielt. Für Hogan gab es keine Phase des Schwungs oder der Schwungvorbereitung, die man dem Zufall überlassen konnte. Dies wird besonders beim Waggle deutlich. Laut Hogan sollte der Waggle dem Golfer helfen, vom Setup des Balles zum Rückschwung überzugehen. Hogan studierte den Waggle mit derselben Intensität, mit der ein Wissenschaftler ein bestimmtes Problem und dessen Lösung untersucht. Der Waggle sollte dem Golfer ein Gefühl für den Schlag und für den bevorstehenden Schwung verleihen. Der Waggle, eine Art Mini-Schwung, bereitet den Golfer auf den Rhythmus und das Gefühl für den bevorstehenden Schwung vor.

„Hogan ließ dem Waggle mehr Bedeutung zukommen als jeder andere Schwungtheoretiker zuvor", schrieb Cary Middlecoff. Er wies darauf hin, dass Hogan sich 1932 der Bedeutung des Waggles bewusst wurde, als er beobachtete, welche Vorteile er für Johnny Revolta brachte, als dieser ihn für kurze Schwünge um das Grün herum einsetzte. Hogan dehnte diese Idee noch weiter aus und setzte den Waggle für sein gesamtes Spiel ein.

Hogans Waggle war zwar sehr individuell, sollte seiner Ansicht nach jedoch je nach dem zu spielenden Schlag unterschiedlich sein. Ein hoher, weicher Schlag könnte einen langsamen Waggle erfordern, ein aggressiver, flacher Schlag in den Wind einen rascheren, lebhafteren. Hogan meinte, der Waggle solle den Pfad und die Geschwindigkeit des Rückschwungs nachahmen, aber er wusste, dass ein Punkt unterschiedlich war – beim Waggle sind die Schultern nicht mit einbezogen, beim Schwung hingegen schon. Beim Rückschwung werden zuerst die Hände bewegt, dann die Arme und Schultern und schließlich der Unterkörper. Beim Abschwung wird diese Reihenfolge dann umgekehrt – Unterkörper, Schultern, Arme und Hände. Diese Reihenfolge war nach Hogans Ansicht absolut entscheidend, und jedem Golfer, der sie einhielt, müsse es gelingen, den Ball mit großer Kraft zu schlagen.

Nachdem die richtige Reihenfolge im Rückschwung eingeleitet ist, werden die Hüften gedreht und das linke Knie nach innen gekehrt, ungefähr in dem Augenblick, wenn die Hände in Hüfthöhe sind. Die Schultern sollten in der Zwischenzeit so weit wie möglich um den stabil gehaltenen Kopf gedreht sein. Dieser unbewegliche Kopf wird in einem Brief erwähnt, den Hogan an einen Zuschauer schickte, der ihn in Fort Worth beobachtet hatte. „Der Schwerpunkt des Körpers darf sich während des gesamten Schwungs nicht verlagern", riet Hogan. „Wenn man eine Schnur von der Nase oder vom Kopf zum Boden spannt, müsste der Kopf während des gesamten Schwungs in dieser Position bleiben." In *Power Golf* erwähnt Hogan ebenfalls den unbeweglichen Kopf. „Ihr Kopf bewegt sich nicht", so Hogan. Die meisten Golfer, so Hogan, vollenden die Drehung nicht, da sie den Rückschwung (fälschlicherweise) beenden, indem sie den linken Arm abwinkeln und den Schläger schwach nach oben halten und somit Kraft verlieren. Ein Zeichen für die richtige, echte Schulterdrehung ist, wenn die linke Schulter am höchsten Punkt des Rückschwungs das Kinn berührt.

Hogan hatte auch eine Theorie für die Hüften: Bei der Drehung der Schultern wird in den Hüften ein Widerstand erzeugt, der die Körperspannung des Spielers verstärkt. Eine zu frühe Drehung der Hüften im Rückschwung würde diese Spannung zunichte machen. Das Ziel beim Rückschwung ist es, die Muskeln zwischen Hüften und Schultern zu dehnen. Diese Dehnung macht den folgenden Abschwung zu einer fast instinktiven Reaktion auf das, was zuvor passierte, und zu einer Bewegung, die von den Hüften geführt wird, wenn diese sich wieder zurückdre-

Am Ende des Rückschwungs sollte die linke Schulter das Kinn berühren.

Das linke Knie bewegt sich zum rechten.

Um die Stabilität seines rechten Knies zu überprüfen, stellte Hogan einen Schläger an sein Bein.

Hogan definierte die Rückschwungebene durch den Winkel, der durch die Stellung der Schultern zum Ball gebildet wird.

Die korrekte Schwungebene erleichtert das Zusammenspiel von Ober- und Unterkörper im Abschwung.

Ben Hogans Vorstellung der Schwungebene

hen. Die Fortsetzung der Kettenreaktion gibt den Muskeln weitere Drehkraft und ermöglicht es den Schultern, Armen und Händen, rasch zum Ball zurückzudrehen und dabei den Schlägerkopf stark zu beschleunigen.

Während des Rückschwungs bewegt sich das linke Knie wie bereits erwähnt etwas nach rechts. Der linke Fuß dreht sich ebenfalls leicht nach innen. Richtige Fußarbeit war über die Jahre hinweg stets der Grundstein der Schwungtheorie. Hogan war jedoch der Ansicht, dass die Fußarbeit nicht übertrieben werden sollte. Er meinte, die linke Ferse sollte nie mehr als 2,5 cm vom Boden abgehoben werden, da sonst die Balance beeinträchtigt wird. Hogan war der Ansicht, dass das rechte Bein in der gleichen Position bleiben sollte wie in der Ansprechhaltung, um ein Pendeln zu vermeiden. Um dies zu überprüfen, legte er beim Üben in der Ansprechposition einen Schläger außen an sein rechtes Bein und vergewisserte sich, dass er bei der Bewegung zum höchsten Punkt des Rückschwungs den gleichen Winkel einhielt.

Bei der Beschreibung der Form des Schwungs und der Armbewegung sprach Hogan von der „Ebene" des Schwungs. Er sagte, es gebe zwei Ebenen: eine Rückschwungebene und eine Abschwungebene. Dies wich stark von der damaligen Theorie ab, der Schwung sei im Wesentlichen eine kreisförmige Bewegung, die entlang derselben Bahn nach oben und unten verläuft. Die Vorstellung der zwei Ebenen erwähnte Hogan zum ersten Mal in *Power Golf*: Beim Abschwung bewegt sich der Schläger „innerhalb des beim Rückschwung beschriebenen Bogens".

Hogans Rückschwungebene verläuft in schrägem Winkel vom Ball bis über die Schultern. Der linke Unterarm führt die gesamte Bewegung, Schultern, Arme, Hände und Schläger sollten sich in dieser Ebene drehen und nicht davon abweichen. Durch das Einhalten dieser imaginären Bahn befinden sich Oberkörper und Arme am höchsten Punkt des Schwungs in einer Position, die es erlaubt, im Einklang mit dem Unterkörper abzuschwingen und dadurch Kraft und Genauigkeit ohne unnötige Bewegung zu optimieren.

Er glaubte, es sei einfacher, eine wiederholbare Bewegung zu erzeugen, wenn man sich die Schwungebene bildlich vorstellte. Hogan ersann also eine Glasscheibe, die vom Ball schräg nach oben geht und auf den Schultern des Golfers ruht, dessen Kopf sich in einem Ausschnitt der Scheibe befindet. Der Golfer muss sicherstellen, dass seine Arme parallel zum Glas verlaufen, nicht nur bis Hüftniveau, sondern bis zum höchsten Punkt des Schwungs. Die Arme kämen in diese Position, wenn sich die Schultern im gleichen Winkel drehen würden, in der die Glasscheibe steht. Am höchsten Punkt muss der linke Arm immer noch parallel zum Glas sein. Der Rückschwung konnte ruhig etwas flacher sein als die richtige Ebene, jedoch nicht aufrecht und über der Scheibe, da die vorgestellte Glasscheibe dadurch zerschmettert würde. Ein Schwingen außerhalb der richtigen Ebene würde den Spieler ebenfalls dazu zwingen, gewisse Anpassungen vorzunehmen, um die imaginäre Glasscheibe im Abschwung nicht zu zerbrechen. Dazu müsste ein Spieler weit außerhalb der Ebene schwingen oder seinen Schläger wieder hinter die Glasscheibe bringen. Dieser Ausgleich führt zu Fehlschlägen und inkonstantem Spiel. Nachdem Hogan verstanden hatte, wie er bis zum höchsten Punkt des Rückschwungs schwingen muss, hatte er keine Probleme mehr mit Inkonstanz. Durch das Wiederholen der Bewegung mit Tausenden von Bällen und in zahllosen Stunden vor dem Spiegel konnte er blindes Vertrauen in seinen Schwung und seine Fähigkeit zur Ballkontrolle aufbauen. Ergebnis dieser Arbeit war, dass Hogan konstant niedrigere Scores erzielte.

Meine Ansicht

Die korrekte Ansprechposition ist das Fundament für den Rückschwung und Voraussetzung für einen korrekten Abschwung. Hogans unermüdliches Streben nach Perfektion führte ihn zu einer der größten Herausforderungen im Golfsport: Es geht im Golf darum, einen ruhenden Ball zu schlagen, wobei ihn zu Schwungbeginn keinerlei äußere Einflüsse stimulieren. Dies unterscheidet Golf vom Baseball oder Tennis, wo der Schläger auf den Wurf oder Aufschlag des Gegners reagieren muss/kann. Unermüdliches Ausprobieren ließ Hogan den idealen Schwung-„Auslöser“ finden. Hierzu benötigte er eine „Brücke“, sprich einen Übergang von der statischen Ansprechposition in die Schwungeinleitung – und diese Brücke war der Waggle. Womit Hogan wieder einmal durch eine ebenso logische wie akribische Denkarbeit verblüfft. Mir gefällt auch, dass Hogan dem Waggle – im Gegensatz zu den meisten Golfern – eine solch gewichtige Rolle einräumt: Er ist für ihn entscheidend bei der Entwicklung – und Pflege – eines stets wiederholbaren Schwungs. Der Waggle sollte für jeden Golfer ein integraler Bestandteil der Vorbereitungsroutine werden!

Viele Amateure – und auch Pros – versetzen sich während der Ansprechposition in so große Aufregung, dass sie verkrampfen. Dies geschieht, weil sie zu viele Schwunggedanken – oder Fehlschläge – vor Augen haben. In der Folge verlieren sie das über Erfolg und Misserfolg entscheidende Gefühl für Rhythmus und Bewegungsfluss. Letztlich liegen die Ursachen der meisten Schwungprobleme in einer falschen Ansprechposition oder einem Fehler bei der Schwungeinleitung. Der Waggle ist schon allein deshalb so wichtig, weil er etwas Rhythmus und Bewegung in die statische Ansprechposition bringt. Wie ein Anlasser beim Auto bewirkt er eine wiederholbare Schwungeinleitung – und verhindert unerwünschte Anspannung. Die Quintessenz lautet: Der Waggle sorgt in der entscheidenden Vorbereitungsphase für produktive Gedanken. Und der Waggle verhindert destruktive Ablenkungen.

So produktiv Golfgedanken auch sind – einen schlechten Schwung können sie nicht ausgleichen. Gute Schläge sind das Ergebnis von ebenso dynamischen wie technisch korrekten Golfschwüngen. Ben Hogan war sich über die biomechanischen Aspekte im Klaren, ob bewusst oder intuitiv sei dahingestellt. Er wusste, wie sich die verschiedenen Körperteile während des Schwungs in einer gemeinsamen Sequenz zu bewegen hatten, um energisch und kraftvoll agieren zu können. Hierzu bedarf es eines Drehmoments aus der Rotation heraus, will heißen, die Energie, die sich aus der Streckung im Rückschwung ergibt, muss im Abschwung freigegeben werden. Hogans Beweglichkeit erlaubte ihm, dies zu bewerkstelligen, ohne dabei den Kopf zu bewegen. Dies fällt jedoch den meisten Golfern

Hogan beim Überprüfen der Position seines rechten Ellbogens

Hogans Rückschwung in jungen Jahren verlangte hohen Unterkörper-Einsatz und hoch gehaltene Hände.

sehr schwer. Dank seiner vollen Schulterdrehung und dem Widerstand in der Hüfte konnte Hogan ein enormes Drehmoment erzeugen, während er den Schläger auf einer verhältnismäßig flachen Ebene schwang und gleichzeitig den rechten Ellbogen nah am Körper hielt. Spieler, die nicht über Hogans Beweglichkeit verfügen, können meines Erachtens ohne Kopfbewegung nicht das erforderliche Drehmoment erzeugen. Insbesondere dann nicht, wenn sie auf einer flachen Ebene schwingen und den Ellbogen nah am Körper halten. Um nun nicht falsch verstanden zu werden: Hogans Schwung war genau der richtige für seinen Körperbau, seine Beweglichkeit und seine persönlichen Vorlieben. Andere Spieler jedoch, die sich an diesem Bewegungsablauf versuchen, würden wohl bald mit einem Knoten im Körper aufgeben.

In seinen jungen Jahren hatte Hogan insbesondere beim Driver einen verhältnismäßig steilen Schwung: sehr lang, mit ausgeprägter Hüft- und Schulterdrehung sowie hoch erhobenen

Hogans Rückschwung, wie er in Erinnerung geblieben ist: flache Schwungebene

Zu Beginn seiner Karriere verfügte Hogan über einen sehr langen Rückschwung.

Später wurde der Rückschwung kürzer und kompakter.

Händen am höchsten Punkt des Rückschwungs. So zu schwingen war ihm nur aufgrund seiner extremen Beweglichkeit möglich. Er wusste aber auch, dass seine Beweglichkeit unter ungünstigen Umständen eine große Gefahrenquelle darstellte. Nach seiner Entlassung aus der Armee arbeitete er konsequent an seiner Technik. Sein primäres Ziel bestand darin, den Hook zu besiegen. Obwohl Hogan schon vor seinem Unfall im Jahre 1949 ein großartiges Golfspiel vorwies, bereitete ihm der Hook, der ihm auch den einen oder anderen Turniersieg kostete, große Sorgen.

Sein schlimmer Autounfall im Jahr 1949 hinderte ihn nicht daran, nach der Genesung besser denn je zu spielen. Sechs seiner insgesamt neun Major-Siege errang er zwischen 1950 und 1953. Nach wie vor beeindruckend ist, dass er 1953 sowohl die US Masters, die US Open als auch die British Open für sich entschied. Einzig ein Terminproblem und Spätfolgen seiner Verletzung verhinderten in jenem Jahr seine Teilnahme an der PGA Championship – was ihn der Möglichkeit beraubte, den Grand Slam zu gewinnen.

Ich habe festgestellt, dass Hogan zwischen 1945 und Anfang 1950 seinen Schwung maßgeblich veränderte. Vorrangig wurde der Rückschwung kürzer, flacher und kompakter. Hierfür gab es wohl mehrere Ursachen, insbesondere aber die Veränderung der Schwungtechnik in Zusammenhang mit der Veränderung des Griffes. Diese hatten zum Ziel, den Hook zu kurieren. Außerdem dürfte der Unfall eine Rolle gespielt haben, ebenso wie die Tatsache, dass Ben Hogan von Jahr zu Jahr etwas älter wurde. Die Veränderungen wirkten sich positiv auf den Schwung aus: Er wies nunmehr weniger Fehlerquellen auf, was zu der angestrebten Beständigkeit und Kontrolle führte, die sich Hogan zum Ziel gesteckt hatte.

Nach seinem Umfall nahm Hogans Schwung jenes Charakteristikum an, mit dem er bis heute

Hogans Kippschwung, auch „Reverse Pivot" genannt

José-Maria Olazabal – einer von vielen Topspielern mit leichtem Reverse Pivot. Der Unterkörper zeigt dabei zum Ziel.

stets assoziiert wird: die sehr flache Schwungebene. Hogan war – im Gegensatz zu Sam Snead, Byron Nelson oder Jimmy Demaret – der erste große Spieler, der keinen aufrechten Schwung vorwies. Einige Jahre lang versuchte eine ganze Golfergeneration, seinem Beispiel zu folgen, daher überrascht es nicht, dass es einen generellen Trend zu flacheren Schwüngen gab. Erst Anfang der sechziger Jahre erschien ein neuer Held auf der Golfbühne: Jack Nicklaus brachte die Golfer dazu, wieder etwas steiler zu schwingen.

Hogans Schwung, und besonders sein Rückschwung, zeichnete sich durch eine weitere interessante Besonderheit aus: Technisch gesehen, hätte man ihn auch als Kippschwung („Reverse Pivot") bezeichnen können. Ein Golfer „kippt", wenn er am höchsten Punkt des Rückschwungs den Großteil seines Gewichts nicht auf die rechte Seite verlagert hat, sondern der Körper stattdessen etwas nach links, sprich zum Ziel, geneigt ist. Bei Hogan konnte man diesen Eindruck gewinnen, weil er sich während des Rückschwungs sehr weit drehte und streckte, wodurch keine nennenswerte Gewichtsverlagerung erfolgte. Am höchsten Punkt des Rückschwungs lastete sein Gewicht genau in der Mitte, das heißt, sein Oberkörper befand sich auf Ballhöhe, während seine Hüfte etwas zum Ziel gebeugt war. (Bei Spielern mit hohem Handicap, die einen starken Kippschwung vorweisen, ist die ganze linke Körperseite am höchsten Punkt des Rückschwungs oft stark Richtung Ziel geneigt.)

Hogans mittige, auch „zentral" genannte Position am höchsten Punkt des Rückschwungs war das Ergebnis der Kombination seiner flachen Schwungebene, seines eng am Körper gehaltenen rechten Ellbogens, seines sehr ruhigen Kopfes und seines linken Knies, das er eher zum Ball beugte, als es hinter den Ball zu bringen (zumindest wenn er sich für Fotografen in Pose stellte). Einige der heutigen Topspieler, wie beispielsweise José-Maria Olazabal, der US-Masters-Sieger

Die meisten Spieler verlagern ihr Gewicht nach rechts und bleiben so „hinter" dem Ball.

von 1994, bleiben ebenfalls zu sehr über dem Ball, anstatt sich im Rückschwung etwas wegzudrehen. Für die meisten Spieler hat der Kippschwung (Reverse Pivot) katastrophale Auswirkungen. Ich denke, es ist vor allem bei längeren Schlägen sinnvoller, das Gewicht aggressiv nach rechts zu verlagern. Wenn die Hüfte oder die Schultern am höchsten Punkt des Rückschwungs zum Ziel geneigt sind, lastet zu viel Gewicht auf der linken Körperseite. Dies führt vor allem bei Spielern mit höheren Handicaps zu einem starken „Hacken", bessere Spieler indes sind gezwungen, eine Ausgleichsbewegung vorzunehmen. Das größte Reverse-Pivot-Problem besteht darin, dass während des Abschwungs das Gewicht nach rechts statt, wie es richtig wäre, nach links verlagert wird. Daher rührt übrigens die Bezeichnung „Reverse Pivot", was man mit „Drehung in die entgegengesetzte Richtung" übersetzen könnte.

Bei einem starken Kippschwung wird die Kraft nicht auf den Ball übertragen, weil der Spieler den Schläger zu früh, also weit vor dem Treffmoment, freigibt. Dadurch schwingt der Schläger schon wieder langsamer, wenn er auf den Ball trifft. Im Gegensatz dazu bewirkt eine deutliche Gewichtsverlagerung nach rechts während des Rückschwungs, dass das Gewicht im Abschwung von selbst wieder zur Zielseite, also nach links, wandert. Dadurch kann der Schlägerkopf die zuvor aufgebaute Energie kraftvoll durch den Treffmoment hindurch auf den Ball übertragen. Aufgrund seines athletischen Körperbaus konnte Hogan eine Methode finden, bei der er trotz dieses technischen Fehlers den Schläger dynamisch schwang. Seinem Reverse Pivot verdankte er gar im Abschwung eine zusätzliche Hebelwirkung, doch hierzu mehr im nächsten Kapitel. Für den Moment möchte ich nur darauf hinweisen, dass beim Golf für einen Spieler etwas gut sein kann, was sich bei einem anderen verheerend auswirkt. Es ist daher nicht ratsam, den Schwung eines Spielers in all seinen Facetten zu kopieren.

Aus den Annalen des Golfunterrichts ist das Bild nicht wegzudenken, auf dem Hogan unter der Glasplatte den Ball anspricht. Seine Ansichten zur Schwungebene haben den Golfunterricht vier Jahrzehnte lang maßgeblich beeinflusst. Hogan war der gedankliche Urheber einer Diskussion, die bis heute jeden Golflehrer beschäftigt.

Die Diskussion über die Schwungebene verkompliziert sich jedoch rasch, wenn man bedenkt, dass es mehrere verschiedene Ebenen gibt, die die Beständigkeit eines Schwungs beeinflussen: die des Schafts, des Schlägerkopfes, der Handgelenke, der Arme und die der Schultern. Hogan konzentrierte sich darauf, die Schultern, den linken Arm und den Schläger auf einer Ebene zu bewegen. Dies kann als reiner Hoganismus bezeichnet werden, gilt es doch zu bedenken, dass Hogan seiner aufrechten Körperhaltung und geringen Hüftbeugung eine Ansprechposition verdankte, die ihm die Schultern auf einer sehr waagerechten Ebene drehen ließ. Dies trug maßgeblich zu seinem optisch äußerst flachen Schwung bei. So ausschlaggebend seine

Ansprechposition auch für die Schwungebene war, einen ebenso mitbestimmenden Faktor stellte die Rotation seines linken Unterarms (im Uhrzeigersinn während des Rückschwungs) dar. Die Rotation seiner Schultern und seines linken Arms bewirkte, dass sie am höchsten Punkt des Rückschwungs parallel standen. Die Rotation des Unterarms ist eine sehr subtile Bewegung, die selbst mit der Kamera nur schwer einzufangen ist. Für Hogan war die Rotation des Unterarmes ein integraler Schwungbestandteil, auf die er – aus für mich nicht nachvollziehbaren Gründen – in seinem Buch jedoch mit keinem Wort einging. Um so ausführlicher widmete er ihr hingegen einen Artikel, der im Juni 1985 in *Golf Digest* erschien. „Im Rückschwung", so Hogan dort, „kreuzt mein linker Arm meine Brust." Einige Passagen später wird er noch deutlicher: „Gedanklicher Hintergrund war, den Schläger mit der linken Hand zu drehen." Womit bewiesen wäre, dass er sich der Bedeutung seiner Unterarm-Rotation im Rückschwung sehr wohl bewusst war. Dennoch – flache Schwungebene, kompakterer Rückschwung und schwächerer Griff lösten seine Hook-Probleme nicht vollständig.

Hogans „Geheimnis"

Normalerweise verstärkt eine flache Schwungebene den Hook, weil der Schläger „von innen nach außen" zum Ball gelangt. Dies war bei Hogan sehr auffällig der Fall (allerdings nicht, wenn er für ein Foto posierte), denn am höchsten Punkt des Rückschwungs war sein Schläger „verkantet": Er verlief nicht parallel zur Ziellinie, sondern war links des Ziels ausgerichtet. Mit zunehmenden Alter wurde sein Rückschwung kürzer, wonach der Schläger am höchsten Punkt des Rückschwungs immer mehr aus der Richtung geriet. Gepaart mit seinem überdurchschnittlich schnellen Abschwung und dem verzögerten, späten Treffen (der Schlägerkopf blieb im Abschwung sehr weit hinter den Händen), bescherte ihm sein Rückschwung gelegentlich immer noch Hooks. Konsequent suchte Hogan nach einem Weg, diesem Problem entgegenzuwirken. So schrieb er am 8. August 1955 in *Life*: „Ich hatte solch einen niedrigen, fürchterlichen Quick-Hook, dass der Ball einen Haken schlug, an dem man einen Mantel hätte aufhängen können." Doch Hogan wäre nicht Hogan, wenn er nicht einen Ausweg aus seinem Dilemma gefunden hätte. Die Lösung lag in seinem – nicht nur von ihm viel gepriesenen – „Geheimnis".

Worin bestand nun dieses „Geheimnis", das er der erwartungsvollen Golfwelt in jener Ausgabe von *Life* offenbarte? Zuvor hatte er doch nichts unversucht gelassen, um den Hook zu besiegen, ja, sich sogar mit einem schwächeren Griff angefreundet! Frustriert von seinem Unvermögen, ein wirksames Gegenmittel zu finden, verließ er das Turniergeschehen und zog sich in die Isolation zurück. Dort kam ihm, nachdem er unzählige Möglichkeiten ausprobiert hatte, die Erleuchtung: Ein Schlüsselgedanke, an den sich schon die alten schottischen Golflehrer gehalten hatten. Hogan war von seiner Entdeckung so begeistert, dass er sich sogleich auf die Driving-Range begab. Dort schlug er weiche, sanft landende Fades – und wusste sofort, dass er auf die Lösung

Hogans Rückschwung präsentierte sich als äußerst Hook-verheißend.

Hogans Geheimnis: Durch das Abwinkeln des linken Handgelenks am höchsten Punkt des Rückschwungs öffnete er das Schlägerblatt. Das Ergebnis war ein Fade.

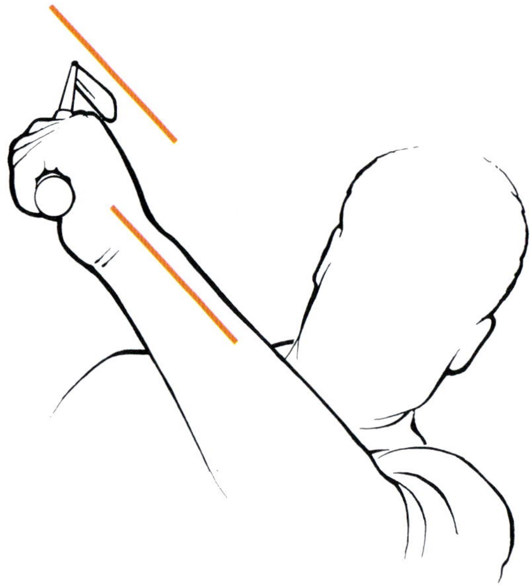

Hogans normale Position am Ende des Rückschwungs: Die Schlagfläche verlief parallel zum linken Unterarm.

gestoßen war. Ganz egal, wie hart er fortan den Ball schlug, er wich nie mehr nach links ab. „Es funktionierte sogar besser, je härter ich den Ball schlug", so Hogan im Rückblick. „Ich habe nicht einmal einen Zentimeter meiner Schlagweite eingebüßt." Das i-Tüpfelchen seines Schwungs war gefunden!

Geheimnis? In Verbindung mit seinem schwachen Griff konzentrierte sich Hogan fortan darauf, sein linkes Handgelenk am höchsten Punkt des Rückschwungs etwas nach hinten abzuwinkeln. (Der dadurch entstehende Winkel zwischen linkem Handrücken und Unterarm war nicht umsonst auf dem Titel jener Ausgabe von *Life* abgebildet.) Dieses Abwinkeln bewirkte – unter Berücksichtigung der Rotation des linken Armes im Uhrzeigersinn – eine Pronation, also Einwärtsdrehung, des linken Handgelenks. Dadurch zeigte seine Schlägerkopfspitze am höchsten Punkt des Rückschwungs zum Boden – die Schlagfläche war nun deutlich weiter geöffnet. Hogan konnte jetzt im Abschwung seinen linken Unterarm noch so schnell gegen den Uhrzeigersinn zurückdrehen, er traf den Ball stets mit einer leicht geöffneten Schlagfläche.

Nach langen Jahre der Suche war Hogan endlich fündig geworden. Doch warum ließ er danach nochmals ein Jahrzehnt verstreichen, ehe er der Welt sein Geheimnis verriet? Er selbst lieferte die Antwort: „Jetzt, da ich mich langsam vom Turniergeschehen zurückziehe, kann ich mein Geheimnis ja verraten", gab er im Vorfeld der US Open 1955 zu, auf die er sich eigenen Angaben zufolge „so intensiv, wie selten zuvor" vorbereitet hatte. Die geöffnete Schlagfläche erlaubte ihm – unabhängig von der Härte der Schläge oder eines „Von-Innen-nach-außen"-Schwungs –, den Ball jeweils mit einer nach rechts verlaufenden Flugkurve zu schlagen und ihn sanft landen zu lassen. Er erwähnte einmal, dass das Abwinkeln der Handgelenke am höchsten Punkt des Rückschwungs eine der Bewegungen war, die er während des Schwungs wirklich bewusst vornahm. Wenn er einen Draw schlagen wollte, unterließ er das Abwinkeln und schwang normal, wodurch das linke Handgelenk inaktiv blieb und die Schlagfläche square stand (parallel zum Handgelenk und zum Unterarm). Dies führte zu einer „Von-rechts-nach-links"-Flugbahn des Balles. Millionen von Golfern hatten ungeduldig auf die Veröffentlichung des Geheimnisses gewartet.

Nun waren sie vermutlich enttäuscht, hatten sie doch erwartet, dass ihnen die Offenbarung das Tor zu einem großartigen Golfspiel eröffnen würde. Was jedoch kaum jemand realisierte – in dem *Life*-Artikel offenbarte Ben Hogan ein weiteres Geheimnis, aber nur für den, der zwischen den Zeilen lesen konnte.

„Ich bezweifle, ob meine Entdeckung für den Wochenend-Golfer von Nutzen ist", schrieb Hogan. „Das Spiel eines schlechten Golfers dürfte sie völlig zugrunde richten. Ist die Schlagfläche am höchsten Punkt des Rückschwungs weit geöffnet, muss sie im Abschwung wieder geschlossen werden. Gelingt dies nicht, kommt im besten Fall ein Push, im schlimmsten Fall ein Socket heraus. Allerdings ist mein Geheimnis für jeden guten Golfer von großem Nutzen." Vielleicht war gerade dies das eigentliche Geheimnis: Sein Wissen, dass nur gute Spieler seine Entdeckung adaptieren sollten!

Das Abwinkeln des linken Handgelenks, um die Schlagfläche zu öffnen, wirkt sich katastrophal für jeden Spieler aus, der zum Slice tendiert. Wahrscheinlich ist Hogan deshalb in seinem Buch *Five Lessons* überhaupt nicht auf diesen Schwung-Aspekt eingegangen. Ich habe mit zahlreichen Golfern gesprochen, die sich seinerzeit an Hogans Geheimnis herangewagt haben. Bei den allermeisten war das Ergebnis eine einzige Katastrophe!

Kommen wir zurück zur Schwungebene und zu Hogans Glasscheibe. Die Glasscheibe stand in einem Winkel, dass sowohl die Schultern als auch die Arme die Glasscheibe berührten, sie also auf parallel verlaufenden Ebenen bewegt wurden. An dieser Stelle möchte ich nochmals darauf hinweisen, dass sich die meisten Spieler, insbesondere aber groß gewachsene oder solche mit eingeschränkter Beweglichkeit, mehr Erfolg von einer steileren Ebene versprechen dürfen. Zumindest sollten sich diese Spieler eine steilere Arm- als Schulterebene angewöhnen – im Gegensatz zu Hogans paralleler Arm-Schulter-Ausrichtung. Schwingt der Arm steiler als die Schulter, fühlt sich dies freier an. Die Arme haben im

Bei Hogan lag der linke Unterarm parallel zur Schulter.

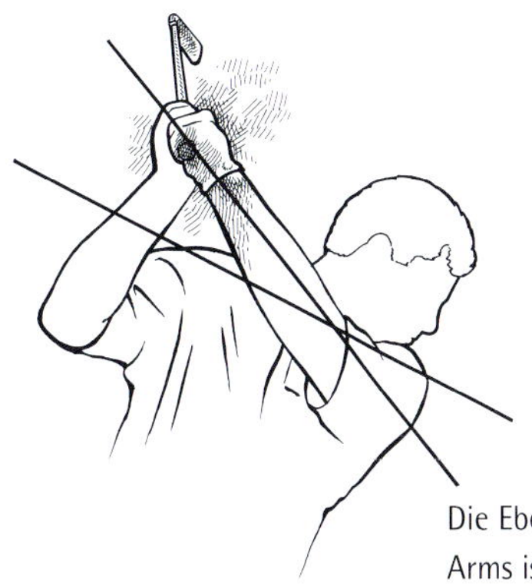

Die Ebene des linken Arms ist steiler als die Ebene der Schultern.

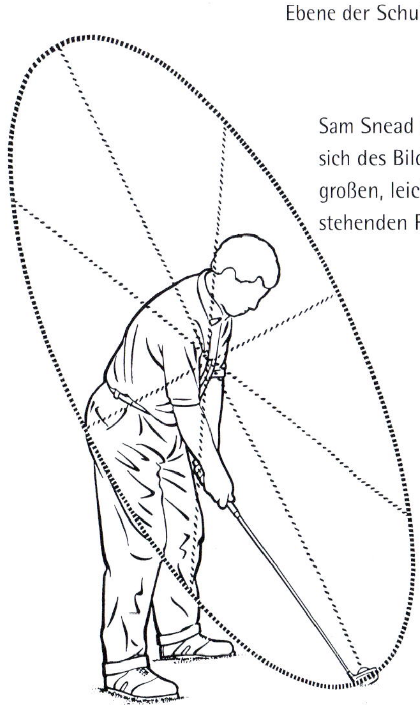

Sam Snead bediente sich des Bildes eines großen, leicht schräg stehenden Rades.

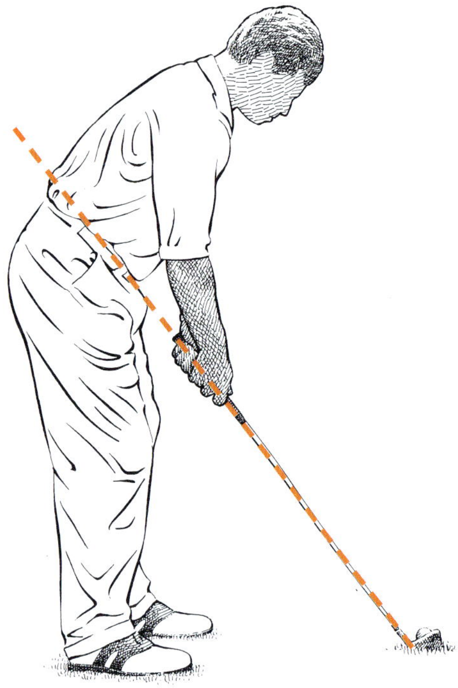

Die Ebene: eine bei der Ballansprache durch den Schlägerschaft gebildete imaginäre Linie

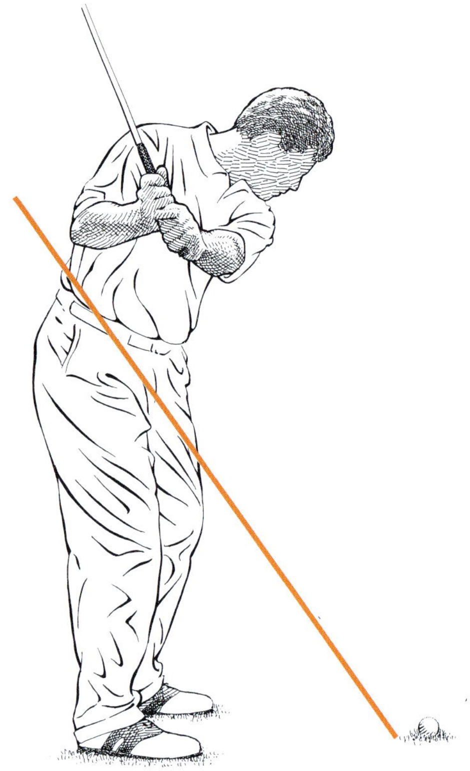

Bei halbem Rückschwung steht der Schlägerschaft steiler als durch die vorgegebene Ebene festgelegt.

Abschwung etwas mehr Bewegungsspielraum, ohne dass der Körper dem Schwung den Weg versperrt. Dennoch vermittelt die Glasscheibe einen guten Gesamteindruck des Schwungbogens und dessen Neigung – nicht zu senkrecht, nicht zu waagerecht. Letztlich erinnert Hogans Glasscheibe an das Rad, mit dem Sam Snead seinen Schwung veranschaulichte.

Ich habe festgestellt, dass es den meisten Golfern in der Ansprechposition leichter fällt, sich die Verlängerung des Schafts nach oben als richtige Schwungebene vorzustellen. Merken Sie sich diese Ebene der Ansprechposition, und versuchen Sie im Abschwung, den Schläger auf der gleichen Ebene zum Ball zu schwingen. Es gilt, dies konstant wiederholen zu können – das „Wie" ist dabei irrelevant. An dieser Stelle möchte ich Sam Snead zitieren, der empfahl, während des Schwungs nur einen einzigen Gedanken zu verfolgen: im Treffmoment in dieselbe Stellung wie in der Ansprechposition zu gelangen. Im Laufe der Jahre konnte ich viele meiner Schüler dazu bringen, den Schläger korrekt zum Ball zu schwingen, indem sie auf einer steileren Ebene zum Ball schwangen. Bei einem dynamischen Körpereinsatz fällt es mit einem steileren Rückschwung leichter, den Schläger im Abschwung auf der korrekten, sprich flacheren Ebene zum Ball zu schwingen. Beim Richtungswechsel am höchsten Punkt des Rückschwungs kommt nämlich die Schwerkraft ins Spiel. Wurde der Schläger zuvor auf einer steileren Ebene zurückgeführt, fällt er im Abschwung fast von selbst in die etwas flachere Ebene. Einige Spieler gewinnen hierbei den Eindruck, eine Schleife nach innen auszuführen. Diese ist aber immer noch besser als die bei schwächeren Spielern typische Schleife nach außen, die den Schläger in eine sehr steile Ebene führt.

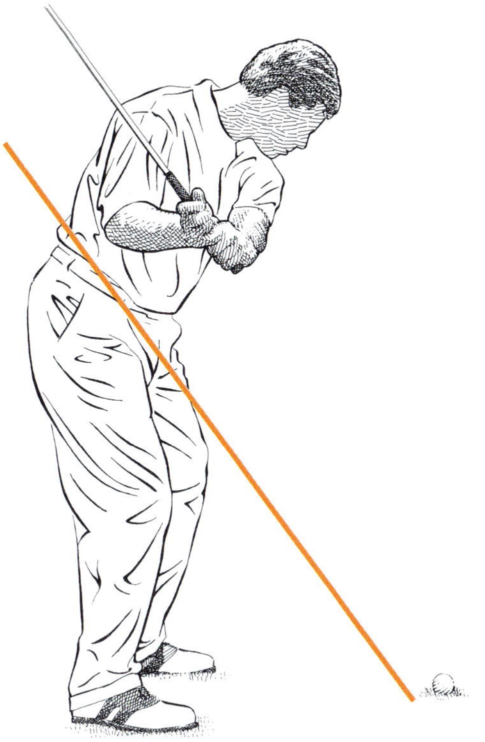

Im Abschwung steht der Schlägerschaft wieder parallel zur vorgegebenen Schwungebene.

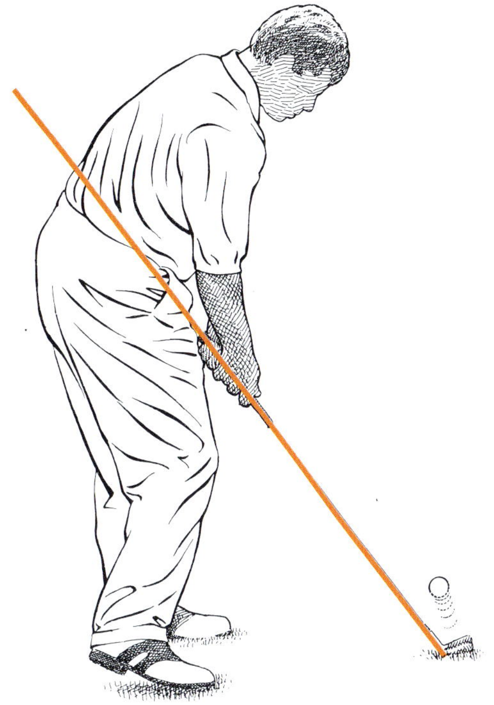

Im Moment des Ballkontakts steht der Schaft wieder auf der Eingangsebene.

Die Bewegung von einer steileren in eine flachere Ebene fällt den meisten Spielern leichter, als den Schläger exakt auf der gleichen Ebene erst zurück und dann zum Ball zu schwingen. Menschen sind keine Maschinen, bei denen ein Hebel an einer festen Achse befestigt ist und die den Schläger entsprechend symmetrisch auf- und abschwingen! In meinen Augen ist es daher sinnvoll, einen Schwung aufzubauen, der einen gewissen Spielraum für Fehler lässt. Daher plädiere ich für den Schwung, der zunächst etwas steiler und dann etwas flacher verläuft. Selbst Hogan gab zu, dass er im Abschwung auf einer geringfügig flacheren Ebene schwang, wenngleich er zu den wenigen gehörte, die fast exakt auf einer Ebene schwangen. Das hört sich logisch an, aber für die meisten Spieler ist das Schwingen in einer Ebene nicht nachvollziehbar. Sogar die Mehrheit der Tourspieler schwingt im Rückschwung etwas steiler als im Abschwung!

Bei jedem Golfschwung bewegt sich der Schläger sowohl zur Seite als auch kreisförmig sowie auf- und abwärts. Diese Schwungform entsteht, weil der Golfer seitlich vom Ball steht, der Schläger in einem schrägen Winkel zum Ball gehalten und in einem elliptischen Bogen um den Körper geschwungen wird. Golf ist nicht vergleichbar mit Baseball, wo der Schläger auf einer waagerechten Ebene geschwungen wird. Der Golfschwung ist weitaus komplexer und verlangt nach Variationen der Schwungebenen. Das ist auch der Grund dafür, dass jede Diskussion über die Schwungebene unweigerlich zu Verwirrung führt. Die entscheidende Ebene ist die im Treffmoment! Viele gute Spieler schwingen im Abschwung auf einer guten Ebene zum Ball, obwohl sie eine supersteile bzw. ultraflache Rückschwungebene vorweisen. Ausgleichsbewegungen und viel Training machen dies möglich!

Die Schwungebene variiert von Spieler zu Spieler, selbst unter Spielern gleicher Körpergröße. Einige „große" Spieler haben verhältnismäßig flache Schwünge, während einige „kleine" Spieler verhältnismäßig steil schwingen. Man kann auch nicht sagen, dass die eine Schwungebene besser ist als die andere. Denn etwas, das aus technischer Sicht falsch wirkt, kann hervorragende Schläge zum Ergebnis haben.

Hogan ging davon aus, dass die Schwungebene vom Körperbau abhängt. Ihm gelang es, sich an eine flache Rückschwungebene zu gewöhnen und den Schläger nach dem Richtungswechsel, sprich im Abschwung, fast exakt auf der gleichen Ebene wieder nach unten zum Ball zu schwingen. Ihnen empfehle ich, den Rückschwung kontinuierlich, Schritt für Schritt, aufzubauen. Der Schwung ist bekanntlich eine Kettenreaktion. Dabei hängt die Qualität des Abschwungs maßgeblich vom Rückschwung ab.

Ob Ihr Rückschwung zu ihnen passt oder nicht, lässt sich an einem einzigen Detail festmachen: Treffen Sie den Ball gut, oder nicht? Schon Johnny Miller sagte, dass die einzige Bewertungsgrundlage eines Schwungs der daraus resultierende Ballflug ist. Dem kann ich uneingeschränkt beipflichten.

Für Spieler mit einstelligem Handicap – und besser

Hogan betonte mit Nachdruck die Bedeutung der sequentiellen Reihenfolge (Hände vor Armen vor Schultern vor Hüfte) bei der Einleitung des Rückschwungs. Es ist offensichtlich wichtig, in welcher Reihenfolge die Schwungbewegung erfolgt. Möglichkeiten, diese Reihenfolge zu missachten, gibt es zahllose. Jede einzelne führt jedoch zu einer Reihe von Problemen. Beispiele? Ein Golfer dreht die Hüfte zu schnell, ein anderer schwingt den Schläger nur aus den Händen heraus, ohne dabei Schultern und Brust mit einzubeziehen. Ein dritter Golfer wiederum schwingt den Schläger aus den Armen und Händen heraus, ohne dabei den Oberkörper mitzudrehen. Solche Bewegungen, die sprichwörtlich aus der Reihe tanzen, zerstören nicht nur Rhythmus und Timing, sondern verringern auch Schwungkraft und Präzision.

Die auf diesen drei Bildern vorgestellte Übung hilft Ihnen, ein Gefühl für die Körperbewegung während des Rückschwungs zu entwickeln.

Wichtig ist, dass jeder Golfer versteht, dass der Schwung aus zwei wesentlichen Komponenten besteht: der Körperdrehung und dem Armschwung. Wenn diese beiden Komponenten harmonieren, ist das Ergebnis ein guter Rhythmus, der sogar für den Beobachter spürbar wird. Ferner sagte Hogan, dass bei einem vollen Schwung der Körper eher die Arme und Hände trägt als umgekehrt. Ich halte mich hierbei eher an den „Der-Hund-wedelt-mit-dem-Schwanz"-Vergleich. Womit wir zur Bedeutung der oft zitierten „passiven Hände" kommen. Hierunter versteht man keineswegs „tote Hände", sondern Hände, die die Körperkraft auf den Schlägerkopf übertragen – und nicht die, die Kraft erzeugen.

Mit einer einfachen Übung können Sie ein Gefühl für den Bewegungsablauf Ihres Körpers entwickeln. Nehmen Sie mit einem Schläger in den Händen Ihre Ansprechposition ein. Lassen Sie den Schläger dann

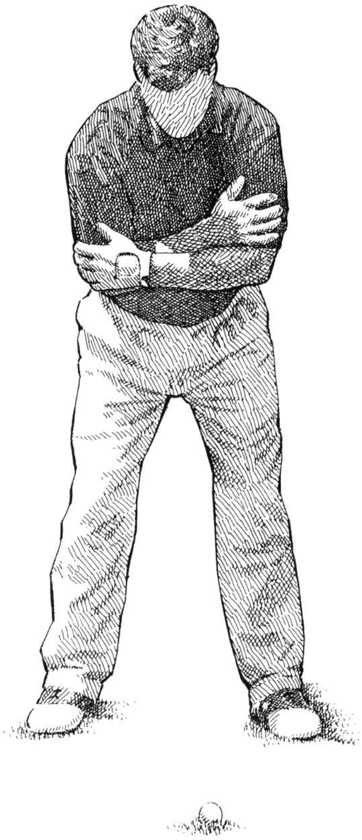

los und kreuzen Sie die Arme vor der Brust. Drehen Sie sich nun – ohne nennenswerte Fuß-, Knie- und Hüftbewegung – nach rechts. Die Schultern drehen dabei um 90 Grad um das Rückgrat, das Sie weder anheben noch absenken. Spüren Sie, wie Ihre linke Schulter das Kinn streift. Hogans flacher Schwung wurde maßgeblich von seiner Schulterdrehung beeinflusst, denn er drehte seinen Schultergürtel exakt im rechten Winkel zu seinem verhältnismäßig aufrechten Rückgrat. Sie dürfen Ihr linkes Knie etwas nach innen beugen und – je nach Beweglichkeit – auch die linke Ferse etwas anheben. Achten Sie aber darauf, dass ein deutlicher Abstand zwischen den Knien bestehen bleibt, da sich so ein solides Fundament bildet, auf dem Sie drehen können. Entscheidend ist die Position Ihres rechten Knies. Es ist der „Direktor" der Bewegung, wie Hogan es formulierte.

Wenn Sie all dies befolgen, werden Sie die Hüftbewegung weder bewusst verzögern noch einschränken. Hogan wollte, dass sich der Spieler auf die eingeschränkte Hüftbewegung konzentriert. Ich plädiere für eine andere Methode, um am höchsten Punkt des Rückschwungs in eine gut aufgedrehte Position zu gelangen: Belassen Sie Ihr rechtes Knie in der gleichen Stellung wie in der Ansprechposition. In meinen Augen ist es geradezu unmöglich, einerseits die Hüftdrehung einzuschränken und andererseits die Schultern voll aufzudrehen. Dies kann nur äußerst beweglichen Menschen gelingen. Bei Ben Hogan war dies der Fall. Dennoch verraten auch seine Fotos, dass er die Hüfte weitaus mehr aufdrehte, als er dachte. Faustregel ist und bleibt, dass die Schultern um 90 Grad und die Hüfte um 45 Grad drehen müssen.

Betrachen wir nun das Syndrom vom „ruhigen Kopf". Ich bin überzeugt, dass die meisten Spieler insbesondere bei längeren Schlägen gut beraten wären, ihren Kopf im Rückschwung etwas

Diese Übung vermittelt Ihnen ein Gefühl für die Körperdrehung im Rückschwung.

Zu Beginn des Rückschwungs konzentriert man sich auf das Gewicht des Schlägerkopfes, wie hier von Hogan demonstriert.

zur Seite zu nehmen. Dies erleichtert die Gewichtsverlagerung und das Verbleiben hinter dem Ball am höchsten Punkt des Rückschwungs. Die günstigste Position besteht aus einem vom Bauchnabel bis zu den Schultern völlig aufgedrehten Oberkörper. Eine leichte Kopfbewegung zur Seite hilft dabei. Überprüfen Sie Ihre Stellung am höchsten Punkt des Rückschwungs, indem Sie darauf achten, dass die Knöpfe Ihres Hemdes über dem rechten Bein sind und Ihre linke Schulter hinter der linken Hüfte bleibt. Völlig in Ordnung ist, wenn sich Ihr Kinn dabei etwas wegdreht, wodurch sich Ihr Kopf um drei bis fünf Zentimeter zur Seite bewegen kann. Diese Bewegung erleichtert die volle Drehung. Daher ist sie besonders empfehlenswert für (Senioren-)Spieler, die etwas mehr Gewicht nach rechts verlagern möchten. Zusätzliche Hilfe verspricht, wenn Sie am höchsten Punkt des Rückschwungs den Ball mit dem linken Auge fixieren. Keine Angst – solange Ihr rechtes Knie fest bleibt, bekommen Sie keine Kipp-Probleme

Nun möchte ich Ihnen eine weitere Variante der Übung mit den vor der Brust gekreuzten Armen nahe legen, mit der Sie lernen, wo sich die Arme am höchsten Punkt des Rückschwungs im Verhältnis zu den Schultern befinden sollten. Aus der aufgedrehten Position heraus strecken Sie Ihren linken Arm, sodass Sie den rechten Arm unter dem linken einhaken können. Die Innenseite des rechten Ellbogens liegt nun unterhalb des linken Ellbogens. Der linke Arm ist gestreckt, gleichzeitig spüren Sie die Dehnung im oberen Rücken und in der linken Schulter. Verharren Sie einige Sekunden in dieser isometrischen Stellung, sie vermittelt Ihnen einen Eindruck, wie sich Drehung und Dehnung am höchsten Punkt des Rückschwungs anfühlen sollten. Diese Übung eignet sich hervorragend zum Aufbau eines Muskelgedächtnisses, hilft aber auch, die Muskulatur vor dem Spiel oder Training zu lockern. Wiederholen Sie die Übung mehrmals täglich, um das richtige Bewegungsgefühl zu entwickeln. So wandeln Sie Theorie in Gefühl um.

Nach einiger Zeit werden Sie feststellen, dass sich ein Gefühl für die verschiedenen Schwungpositionen aufgebaut hat. Wenn Sie Ihren Schwung verbessern möchten, werden Sie an-

Bewegen Sie zunächst das obere Schlägerende, um den Rückschwung einzuleiten.

fangs sehr viel über seine Teilbereiche nachdenken müssen. Dies gehört zum Lernprozess, um einen stets wiederholbaren Schwung aufzubauen. Eine bewusste Vorgehensweise ist dabei in der Ansprechposition und der Schwungeinleitung am einfachsten. Denn es ist deutlich einfacher, Körperhaltung und Bewegungen am Schwungbeginn zu kontrollieren, als im weiteren Schwungverlauf.

Nachfolgend eine gute Methode, den Rückschwung – nach vorangegangenem Waggle – einzuleiten. Ich meine, es ist am leichtesten, die Schwungbewegung mit dem oberen Ende des Schlägers zu beginnen. Nichts kann sich so zerstörerisch auf den Schwung auswirken wie eine betonte Bewegung mit dem Schlägerkopf zu Schwungbeginn, ohne dass dabei Hände, Arme und Schläger als Einheit agieren. Dies bringt den Schwung gleich am Anfang aus der richtigen Spur! Bewegen Sie indes das obere Ende des Schlägers, also den Griff, als Erstes, so gewährleisten Sie einen ruhigen, synchronen Start. Wie zahlreiche seiner Wegbegleiter machte dies zu Beginn seiner Karriere auch Ben Hogan – in fast übertriebener Weise.

Möglicherweise gewinnen Sie dadurch den Eindruck, die Schlagfläche zu Beginn des Rückschwungs etwas zu schließen – wie dies übrigens auch bei Hogan der Fall war. Er behauptete zwar, bei der Schwungeinleitung die Schlagfläche zu öffnen, optisch blieb er den Beweis hierfür jedoch schuldig. Während des ersten Drittels seines Rückschwungs agierte sein Schläger-Hände-Arme-Dreieck einheitlich, ehe er die Handgelenke blitzschnell abwinkelte und die Schlagfläche durch die Rotation des linken Arms aufdrehte. Ich rate den meisten Spielern davon ab, die Schlagfläche bewusst aufzudrehen, nachdem sie den Schwung mit dem Schläger-Hände-Arme-

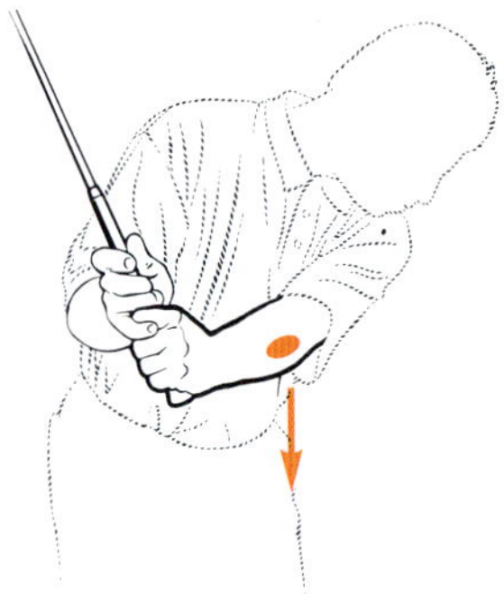

Linker Ellbogen zeigt nach unten – steile Schaftebene – minimale Rotation.

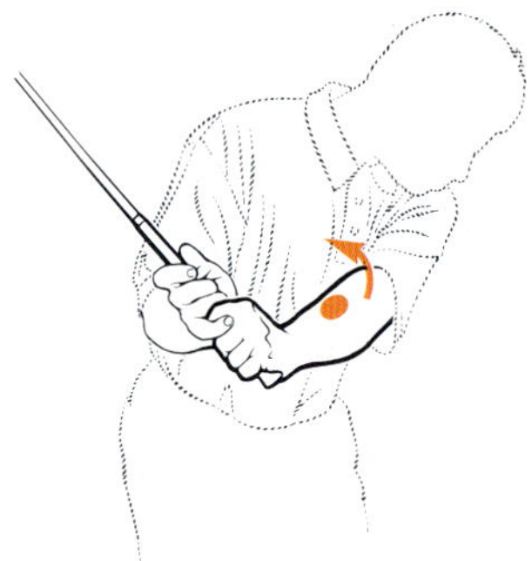

Durch die Rotation des linken Arms wird die Ebene flacher.

Das Schlägerschaftende zeigt in die Mitte des „goldenen Dreiecks".

Dreieck eingeleitet haben. Im Gegenteil: Golfer mit Tendenz zum Slice sollten die Arm-/Schläger-Rotation sogar einschränken und gleichzeitig den linken Ellbogen so lange wie möglich zum Boden zeigen lassen. Für mich stellt die Position auf halbem Weg zurück zum Ball einen Schwerpunkt innerhalb der Schwungbewegung dar: Sie entspricht dem höchsten Punkt des Rückschwungs abzüglich Körperdrehung.

Zeigt der linke Ellbogen zum Boden, bewirkt dies zweierlei. Zum einen kann der Schläger nun auf einer etwas steileren Ebene zurückschwingen, zum anderen bringt es die Schlagfläche in eine eher geschlossene Stellung, was dem Slice entgegenwirkt. Hierbei bewahrheitet sich wieder die These, dass nicht jeder Ratschlag für jeden Spieler passt. Für einen Spieler mit niedrigem Handicap, der nach einem flacheren Rückschwung sucht, empfiehlt sich eine Rotation des linken Arms. Auf oben stehender Illustration verdeutlichen die schwarzen Punkte auf dem Arm diesen Gedanken. Haben Sie hingegen hartnäckig gegen den Hook zu kämpfen, können Sie sich an Hogans „Geheimnis", dem Abwinkeln des linken Handgelenks, versuchen, um die Schlagfläche zu öffnen. Bedienen Sie sich beim Training einer Videokamera und analysieren Sie Ihren Ballflug. Auch hier gilt das Prinzip „Probieren geht über Studieren". So sollten Sie es zunächst auf der Driving-Range ausprobieren, ehe Sie es beim Spiel auf dem Platz anwenden.

In dieser Trainingsphase gilt es einige weitere Punkte zu beachten, wobei Ihnen nachfolgende Übung helfen kann: Greifen Sie den Schläger kurz, auf halber Schaftlänge, und schwingen Sie bis zu der Position zurück, in der der linke Arm parallel zum Boden verläuft und die Handgelenke mit dem Abwinkeln beginnen.

1. Achten sie darauf, dass das Schlägerende nun auf eine Stelle mittig zwischen Fußlinie und Verlängerung der Ball-Ziel-Linie zeigt. Dies bedeutet, dass der Schläger auf einer etwas steileren Ebene zurückgeschwungen wird, als ursprünglich durch die Ansprechposition vorgegeben – die beste Wahl für die meisten Spieler. Laut Hogan sollte das Schlägerende in dieser Schwungphase zwar genau auf die Verlängerung der Ball-Ziel-Linie zeigen. Ich jedoch habe bei vielen schlechteren Spielern beobachtet, dass ihr Schaftende in dieser Schwungphase über die Verlängerung der Ball-Ziel-Linie hinauszeigt, wodurch der Schläger auf einer viel zu flachen Schwungebene bewegt wird. Dies zwingt den Spieler, seine Arme steil anzuheben, um den Rückschwung zu beenden. Ein

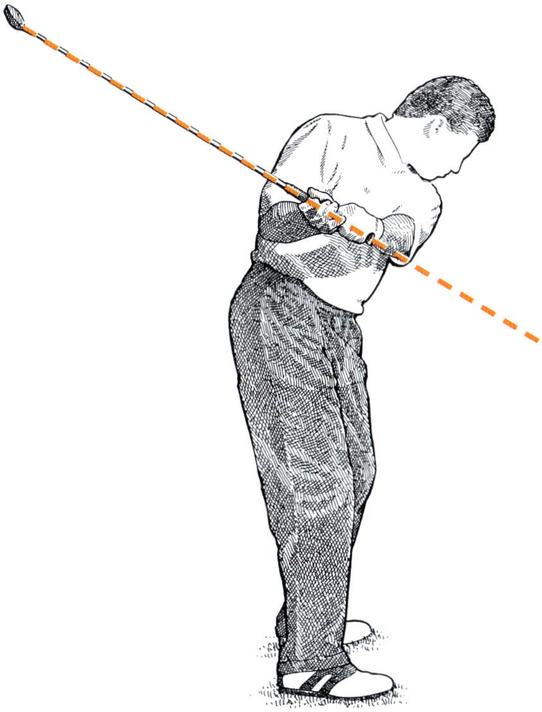

Viele Spieler führen den Schläger zu flach zurück.

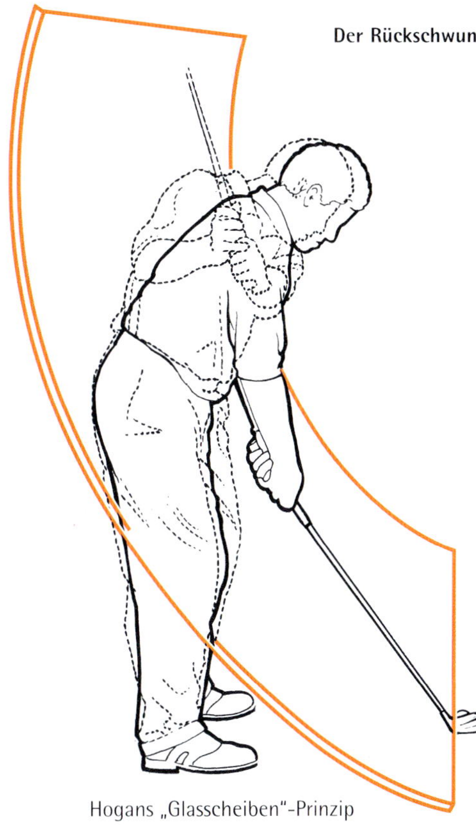

Hogans „Glasscheiben"-Prinzip

Rückschwung, der zu flach beginnt, verläuft am höchsten Punkt oft zu steil (oben). Dies kann zu einem deutlichen Überschwingen führen, wodurch Spannung verloren geht. In diesem Zusammenhang denke ich, dass Hogans Glasscheibe ersetzt werden sollte, und zwar durch eine, die eine Wölbung aufweist. Dies würde ein besseres Bild des Rückschwungs vermitteln, weil die konkave Wölbung verdeutlichen könnte, wie mit fortschreitender Schwungbewegung die -ebene steiler verläuft.

2. Auf halbem Abschwung-Weg ist die Position erneut zu überprüfen. Nun kommt es darauf an, dass sich die Hände gegenüber dem Brustbein befinden. Erfahrungen haben mir gelehrt, dass Hogans Glasscheiben-Schwunggedanke viele Golfer verleitet, die Arme zu stark um die Brust zu „wickeln". Dies kann nur dazu führen, dass der Golfer die Arme anhebt, um den Rückschwung zu beenden. Dadurch aber gelangt der Spieler, sofern er den Körper nicht übermäßig dehnt, in eine sehr steile Position am höchsten Punkt des Rückschwungs. Dies ist genau die Position, vor der Hogan stets gewarnt hat. Viel leichter errei-

Hogans „flache" Hände zur Hälfte des Rückschwungs, verglichen mit stärker vor der Brust zurückgeführten Händen

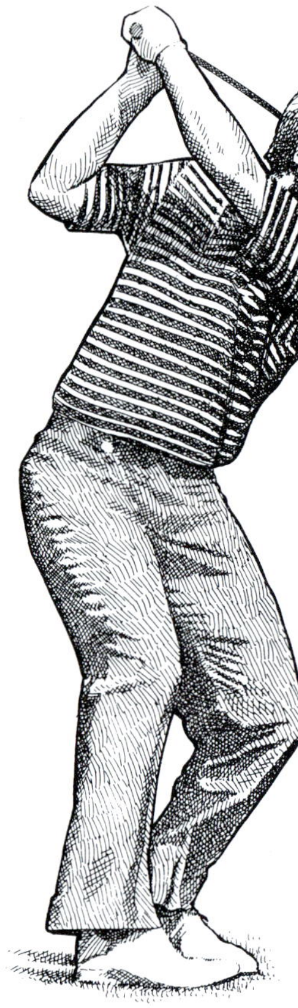

Jack Nicklaus' „fliegender" rechter Ellbogen

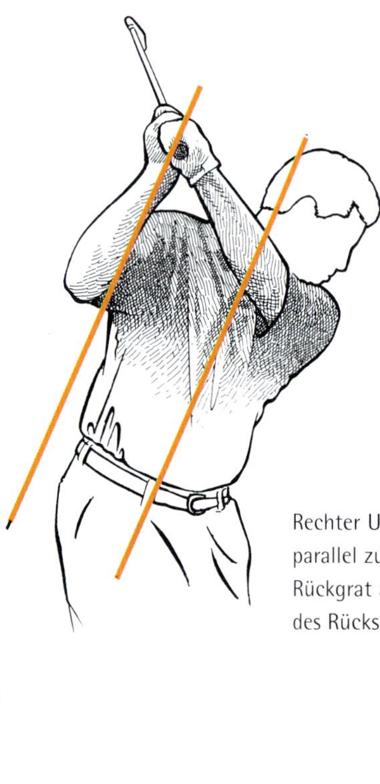

Rechter Unterarm parallel zum Rückgrat am Ende des Rückschwungs

chen Sie die optimale Position am höchsten Punkt des Rückschwungs, wenn Sie Ihre Hände auf halbem Weg zurück mehr vor die Brust halten. Danach müssen Sie nur noch die Schulterdrehung vollenden.

Betrachen wir nun den höchsten Punkt des Rückschwungs. Vergessen Sie den eng am Körper gehaltenen rechten Ellbogen, für den sich Ben Hogan einsetzte. Die Mehrheit der Spieler, die den rechten Ellbogen sehr eng am Körper halten, verkürzen dadurch ihren Schwungbogen, verringern die Dehnung und verlieren letztlich an Schlagweite. Nur ein außerordentlich beweglicher Spieler sollte sich an den eng am Körper gehaltenen rechten Ellbogen heranwagen!

Hogan konnte aufgrund seiner großen Beweglichkeit und seines geringen Brustumfangs diese enge und kompakte Haltung vollziehen. Jack Nicklaus mit seinem erheblich größeren Brustumfang hingegen musste seine Arme vom Rumpf lösen, um die Hände hoch schwingen zu lassen. Dies führte zu dem berühmt-berüchtigten „flying elbow" („fliegender Ellbogen"), über den jahrelang geschrieben wurde und den Theoretiker oft kritisiert haben. Nicklaus' Körperbau und Beweglichkeit führten am höchsten Punkt des Rückschwungs zur steilen Stellung des linken Armes und zum „fliegenden" rechten Ellbogen (den ich übrigens lieber als „schwimmenden rechten Ellbogen" bezeichne). Nur so konnte er den Rückschwung mit einer vollen Drehung vollenden. Ein „fliegender" Ellbogen stellt kein Problem dar, solange er nicht bewusst angehoben wird und solange er im Abschwung wieder in seine korrekte Position gelangt. Fred Couples und John Daly sind berühmte Spieler, die Nicklaus' Schwungbeispiel gefolgt sind. Couples, ein extremer Longhitter, lässt seinen rechten Ellbogen „fliegen", wodurch sein kraftvoller Schwung außerordentlich flüssig wirkt. Daly, der Mann mit dem längsten Drive im modernen Turniergolf, dreht seinen sehr beweglichen, muskulösen Körper enorm weit auf, überschwingt dabei den Schläger weit und weist ebenfalls einen hohen rechten Ellbogen vor. Auch er bringt aber den Schläger gleich zu Beginn des Abschwungs wieder auf die richtige Ebene.

Wer den rechten Ellbogen eng am Körper hält, verringert zumeist die Weite des Schwungbogens und die Körperdehnung. Es handelt sich bei diesem Ratschlag eigentlich um eine Überlieferung aus den Zeiten des Hickoryschafts, als die Spieler so die Schäfte besser kontrollieren konnten. In meinen Augen überprüfen Sie die Position am höchsten Punkt des Rückschwungs am einfachsten, indem Sie darauf achten, dass der rechte Unterarm in etwa parallel zur Neigung des Rückgrats steht. Auf diese Weise befinden Sie sich in jedem Fall auf der sicheren (Schwung-)Seite. Vergessen Sie nicht, dass Körperbau und -haltung in der Ansprechposition maßgeblich zum Gesamteindruck des Schwungs beitragen. Nehmen wir beispielsweise einen groß gewachsenen Spieler, der den Oberkörper stark nach vorne neigt. Wenn dieser Spieler kurze Arme hat, werden seine Schultern zwar um eine geneigte Achse drehen – aber trotzdem im rechten Winkel zu seinem Rückgrat. Die Schwungebene indes wird logischerweise steiler ausfallen.

Was nun die ideale Stellung der Handgelenke und Schlagfläche betrifft, so bin ich bereits ausführlich auf Hogans „Geheimnis" eingegangen. Er winkelte das linke Handgelenk zur Handrückenseite ab, wodurch die Spitze des Schlägerkopfes am höchsten Punkt des Rückschwungs zum Boden zeigte. Dies half ihm, den Hook aus seinem Spiel zu verbannen. Global betrachtet, denke ich, dass in der Ansprechposition die linke Hand den Schläger so greifen sollte, dass zwei Fingerknöchel zu sehen sind und das linke Handgelenk leicht angewinkelt ist. Genau diese Stellung sollten Sie auch für den höchsten Punkt des Rückschwungs anstreben! Vergewissern Sie sich, dass Ihre Schlagfläche am höchsten Punkt des Rückschwungs parallel zu Ihrem linken Unterarm und linken Handrücken verläuft. So sind Sie in der neutralen Position (auch „square" genannt). Sie können in diese Position gelangen, ohne Handgelenke, Hände oder Schlagfläche bewusst manipulieren zu müssen. Aber denken Sie daran: Theorie bleibt Theorie, was für Sie das Beste ist, können nur Sie selbst herausfinden. Kaum ein Golfer erreicht das Ideal – und auch Hogan war kein Engel.

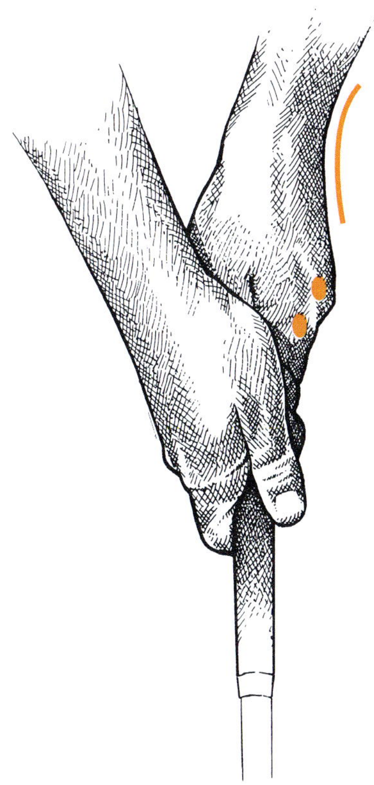

Neutraler Griff: Man sieht zwei Knöchel, das linke Handgelenk ist etwas abgewinkelt.

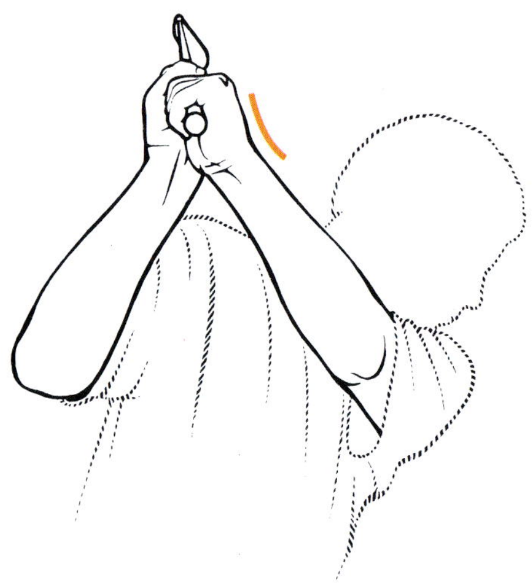

Der neutrale Griff wird bis zum Ende des Rückschwungs beibehalten, das leicht abgewinkelte linke Handgelenk ist immer noch sichtbar.

Ursache für Slices oder schlechte Schläge: Ein deutlich abgewinkeltes rechtes Handgelenk am Ende des Rückschwungs.

Wenn Sie zum Slice neigen oder den Ball nicht weit genug schlagen, rate ich, mit einem zur Handrückenseite abgewinkelten Handgelenk von der „Halben-Weg"-Stellung zum höchsten Punkt des Rückschwungs zu schwingen. Dies stellt dann vielleicht Ihr ganz persönliches „Geheimnis" dar. Ihr linkes Handgelenk wird eine gerade Linie mit ihrem linken Unterarm bilden, die Schlagfläche derweil etwas mehr zum Himmel zeigen. Diese Position kommt den meisten Amateuren zugute, weil es mit ihr kaum möglich ist, die Schlagfläche während des Abschwungs zu öffnen. Golfer, die nur selten Scores unter 80 erzielen, haben in der Regel Probleme mit einer zu weit geöffneten Schlagfläche. Probieren Sie's einfach mal aus.

Ebenfalls charakteristisch für den modernen Schwung ist die volle Schulterdrehung bei einem verhältnismäßig kurzen Armschwung. Dies verhindert, dass die Arme zu weit nach hinten gelangen, was eine überflüssige Bewegung darstellen würde. Denken Sie an den Dreiviertel-Armschwung! Den wandte übrigens auch Ben Hogan auf der Suche nach einem effizienteren Schwung an. Sobald Sie diese Position erreicht haben, gilt es, das Gefühl fest in Ihrem Unterbewusstsein zu verankern. Trainieren Sie vor einem Spiegel, um sich die Stellung immer wieder vor Augen zu führen. Es handelt sich dabei um die kraftvollste Position, die den Richtungswechsel, sprich den Abschwung, einleitet. Generell könnte man sagen, dass der kürzere Schwung für die meisten Golfer keine Geschwindigkeitseinbußen mit sich bringt, sondern vielleicht sogar eher das Gegenteil. Außerdem ist der kürzere Schwung leichter zu wiederholen, weil einfach weniger schief gehen kann.

Machen wir uns nochmals einige Gedanken zum Waggle. Hogans Waggle (abrupt/zackig) korrespondierte mit seinem Schwung (kraftvoll/schnell). Das Schwungtempo entspricht zumeist dem Temperament des Spielers. Justin Leonard schwingt sehr ruhig, sein Waggle ist entsprechend besonnen. Tom Watson und Nick Price schwingen schnell und kraftvoll, ihre Waggles sind kurz und zackig. Die einen Menschen sprechen und agieren schnell, während andere alles ruhig angehen lassen. In den meisten Fällen reflektieren die Golfschwünge diesen Lebensrhythmus. Ich habe aber den Eindruck, dass viele Spieler versuchen, langsam zu schwingen. Dies geschieht aus der Idee heraus, den Schläger bewusst zu lenken. Bedenken Sie, dass der Schwung in erster Linie ein Bewegungsablauf ist,

Ein langer Waggle, mit dem Ben Hogan verdeutlichte, dass er das Schlägerblatt öffnete.

der – insbesondere auf dem Platz – durch zu viele Gedanken gestört werden kann. Ich habe auch beobachtet, dass Spieler, die bewusst langsam zu schwingen versuchen, nach dem höchsten Punkt des Rückschwungs die Tendenz zu einer starken Beschleunigung vorweisen. Dadurch schlagen Sie zu sehr von oben herab auf den Ball. Viele Golfer täten gut daran, ihr Schwungtempo etwas zu erhöhen. Allerdings muss der Schwung dabei synchron bleiben. Auch darf der Schläger nicht ruckartig vom Ball weggeschwungen werden. Der Schlüssel zum Erfolg besteht darin, besonders zu Schwungbeginn eine flüssige Bewegung zu entwickeln. Der Waggle kann dabei eine große Hilfe darstellen.

Ben Hogan war sehr darauf bedacht, die Schlagfläche während des Rückschwungs zu öffnen. Ich denke, dass sich diese Intention in seinem Waggle widerspiegelt. Er wollte im Rückschwung mit dem rechten Ellbogen die rechte Hüfte berühren, während er den linken Ellbogen etwas nach außen drehte. Dies stellte für ihn eine Art Mini-Rückschwung dar. Fotos verdeutlichen, dass er schon beim Waggle ein Gefühl dafür aufbaute, die Schlagfläche zu öffnen. Es gibt eine alte schottische Weisheit, die da heißt: „Wie du waggelst, sollst du auch schwingen." Es ist daher abzuraten, sich Hogans Waggle als Vorbild zu nehmen – es sei denn, ein Spieler neigt zum Hook.

Ich rate zu folgender Vorgehensweise: Beziehen Sie die Ansprechposition, halten Sie den Schläger schwebend über dem Boden und blicken Sie zum Ziel. Verlagern Sie das Gewicht in den Füßen von links nach rechts und zurück, dadurch stimmen Sie Ihren Körper auf die

Der Waggle bereitet den Körper optimal auf die Schwungbewegung vor.

Schwungbewegung und Ihre Füße auf den Schwungrhythmus ein. Bewegen Sie das obere Ende des Schlägers etwas nach rechts – aber nicht mehr als zwölf Zentimeter. Fühlen Sie dabei, wie Ihr linker Oberarm gegen die Brust drückt. Gönnen Sie sich nun eine kurze Pause. Blicken Sie zum Ball, während Sie darauf achten, dass Hände und Arme nicht verkrampfen. Wiederholen Sie die Bewegung, während Sie erneut das Gewicht zwischen den beiden Füßen hin und her verlagern. Machen Sie erneut eine kurze Pause. Erst jetzt, nachdem Sie Knie und Hüfte noch einmal kurz zum Ziel gedrückt haben, beginnen Sie den Schwung. Hierfür bewegen Sie zunächst das Schlägerende, also den Griff, vom Ball weg. Wichtig ist, dass die Arme während des Waggles entspannt bleiben. Während des Trainings sollten Sie sich an folgenden Ablauf halten: erster Waggle – zweiter Waggle – leichtes Nach-vorne-Drücken von Hüfte und Knie – Schwung. Dies ist die beste Vorgehensweise, den Schwung einzuleiten. Vergleichbar ist dies mit dem Vorgehen eines Tennisspielers: Er wirft den Ball vor dem Aufschlag einige Male zu Boden, um dabei – niedergebeugt – ein Gefühl für den Schlagrhythmus zu bekommen.

Natürlich darf die Schlagvorbereitungs-Routine von Spieler zu Spieler variieren. Benötigen Sie einen Waggle mehr? Möchten Sie eine ganz individuelle Form der Schlagvorbereitungs-Routine entwickeln? Blicken Sie lieber zum Ziel, während Sie sich auf den Schlag konzentrieren? Tun Sie, was Ihnen am meisten zusagt. Eines ist jedoch sicher: Ein Waggle ist, wenn regelmäßig angewandt, besser als gar keiner. Denn Sie benötigen etwas, das Ihren Schwung in Bewegung setzt.

Ich habe festgestellt, dass die von mir propagierte Waggle-Vorgehensweise bei den meisten Spielern gut funktioniert, wenngleich Hogan eine andere vorschlug. Sie können sich auch einfach Ihre eigene zurechtlegen. Das Entscheidende ist, dass Sie sich nicht auf den Ball konzentrieren, wenn Sie zum Ziel blicken, sondern auf den bevorstehenden Schlag. Ich finde zwei Waggles am symphatischsten, denn sie verkürzen die

Zeit, in der man auf störende Gedanken kommen kann, und verringern die Anspannung.

Finden Sie einen Waggle-Rhythmus, bei dem Sie sich wohl fühlen. Wiederholen Sie den Waggle immer wieder – zu Hause, auf der Driving-Range und auf dem Platz. So wird er zu einem instinktiven Bestandteil Ihres Schwungs. Sie werden erstaunt sein, wie sehr der Waggle die Konstanz fördert. Achten Sie darauf, wie wenige Amateure sich vor dem Schlag an eine feste Routine halten. Beobachten Sie stattdessen die Pros. Deren Waggles mögen zwar ganz unterschiedlich ausfallen, doch eines haben alle wirklich guten Golfer gemeinsam: Bei ihnen geht jedem Schlag immer der gleiche Waggle voraus.

Zu guter Letzt möchte ich Ihnen eine meiner Lieblingsübungen verraten, mit der Sie – unter Einbeziehung aller bislang vorgetragenen Ideen – Ihren Rückschwung stabilisieren können. Ich empfehle diese Übung allen Spielern, ob Spitzen- oder Durchschnittsgolfer. Greifen Sie einen Schläger mit leichtem Griffdruck und entspannter Armmuskulatur. Halten Sie den Schläger etwa einen Meter über und vor dem Ball. Schwingen Sie aus dieser Position heraus den Schläger zum höchsten Punkt des Rückschwungs und schlagen Sie den Ball dann wie gewohnt. So beginnen Sie den Schwung mit einem fliegenden Start. Sie werden spüren, wie erst Ihr Griff zurückschwingt, ehe der Schlägerkopf folgt. Das Ergebnis wird – unbewusst – ein flüssiger Bewegungsablauf sein. Die Handgelenke werden sich ganz natürlich abwinkeln, der Schläger wird instinktiv die richtige Schwungebene finden. Achten Sie auf einen sanften Übergang in den Abschwung und beschleunigen Sie den Schläger durch den Treffmoment hindurch. Führen Sie diese Übung zunächst mit dem Eisen 7 aus, wobei Sie den Ball aufteen sollten. Später können Sie es auch mit längeren Schlägern versuchen. Bald schon werden Sie ein Gefühl für die richtige Schwungeinleitung und die Position des Schlägers am höchsten Punkt des Rückschwungs bekommen. Diese Übung ist insbesondere dann hilfreich, wenn Sie beim Ball-Ansprechen verkrampfen, weil Sie zu bewusst an die verschiedenen Schwungpositionen denken. Nehmen Sie diese Übung in Ihren Trainingsplan auf – sie wird Ihnen eine große Hilfe sein!

Bei der Übung mit dem Schläger vor dem Ball wird der Körper auf den Rückschwung vorbereitet.

4

DER ABSCHWUNG

Ben Hogan war zutiefst zufrieden, wenn er den Ball satt traf und dieser in der von ihm beabsichtigen Linie und Flugbahn abhob. Alle Golfer lieben das Gefühl, das vom Schläger über die Hände in den Körper gelangt, wenn ein solcher Kontakt mit dem Ball gelingt. Aber selbst den besten Spielern ist dies nicht immer vergönnt. Der große Walter Hagen, einer der charismatischsten Spieler und fünffacher Gewinner der PGA Championship, sagte, er rechne pro Runde mit sechs oder sieben schlechten Schlägen. Hagen war einer der solidesten Spieler seinerzeit, und dennoch hatte er dieses Gefühl. Bobby Jones schrieb, absolute Konstanz im Golfspiel sei unmöglich. Hogan räumte ein, dass nur ein oder zwei Schläge pro Runde tatsächlich so verlaufen, wie er es geplant hat. Im Grunde führen die besten Spieler Schwünge aus, die spielbare

Die Ebene des linken Arms am höchsten Punkt des Rückschwungs

Hogans Vorstellung: Im Abschwung wird der Schläger auf einer flacheren Ebene als beim Rückschwung geführt. Dadurch verlagert sich die Schwungebene nach rechts. Das Ergebnis ist ein „von innen nach außen" verlaufender Schwung.

Fehlschläge zur Folge haben – je weniger und je besser die Fehlschläge, desto konstanter wird der Spieler. In diesem Kapitel werden wir den Teil des Schwungs besprechen, in dem der Spieler den Ball schlägt: den Abschwung.

Die von Hogan empfohlene Rückschwungebene wird, so betonte er, zu einem wiederholbaren Schwung führen. Wie wir jetzt wissen, betrachtete er die Rückschwungebene als imaginäre Verbindungslinie vom Ball hoch zu den Schultern und darüber hinaus. Wenn der Golfer seine Schultern dreht und seine Arme sowie den Schläger auf dieser Ebene nach hinten schwingt, dann ist sein linker Arm, einschließlich Unterarm und flaches linkes Handgelenk, am höchsten Punkt des Rückschwungs in einem Winkel zum Ball hin gestreckt, der mit dem der Schwungebene identisch ist. Die anderen Elemente, auf die ein Golfer am höchsten Punkt des Rückschwungs achten muss, sind: Sein rechter Ellbogen muss richtig abgewinkelt sein; der linke Arm sollte gestreckt, jedoch nicht steif sein; die Schulterdrehung muss abgeschlossen und die Handgelenke müssen abgewinkelt sein. (Erinnern Sie sich: Hogan hat sein Geheimnis in *Five Lessons* verschwiegen und deshalb auch nichts vom Abwinkeln des linken Handgelenks gesagt.) Auf die Glasscheibe bezogen behauptet Hogan also, dass sich Schultern, Arme und Hände dann in der perfekten Position für einen wiederholbaren, synchronisierten Abschwung befinden, wenn sie hinter dem Glas liegen.

Wie im vorherigen Kapitel erwähnt, war Hogan der Ansicht, dass die Ebene des Abschwungs leicht von der des Rückschwungs abweicht. Sie beschreibt eine flachere Bahn. Die geringere Neigung entsteht automatisch, wenn der Golfer die Hüfte nach links dreht, wodurch die rechte Schulter abgesenkt wird. Die Vorstellung von der Glasscheibe muss also modifiziert werden. Sie ruht jetzt in einem flacheren Winkel, und ihre Unterkante zeigt etwas nach rechts vom Ziel. Dadurch geht der Schwung etwas mehr von innen nach außen. Hogan war der Ansicht, dass man dieser geänderten Abschwungebene nicht zu viel Aufmerksamkeit schenken (es genügt, eine

Hüften, Schultern, Arme und Hände setzten Schwungkräfte frei, während Hogan ins Finish schwang.

Vorstellung davon zu haben), sondern sich lieber auf die daraus entstehenden Bewegungen konzentrieren sollte.

Die Hüften leiten den Abschwung ein, in dem sie sich nach links drehen, ein Konzept, das Hogan in *Power Golf* eingeführt hat. Wird dies richtig ausgeführt, ist eine erstklassige Bewegung zurück zum Ball so gut wie garantiert. Die Bewegung erzeugt Geschwindigkeit und Gewichtsverlagerung, und durch Drehen der Hüften zum richtigen Zeitpunkt kann der Golfer seine Arme frei durch den Treffmoment schwingen. Dieses Drehen der Hüften zurück zum Ball geht mit einer leichten seitlichen Bewegung einher, sodass der Golfer sein Gewicht auf den linken Fuß verlagern kann. Hogan wies darauf hin, dass selbst bei einer starken Schulterdrehung und bei einem zu starken Drehen der Hüften während des Rückschwungs nicht genug Spannung aufgebaut wird und die Hüften beim Abschwung nicht automatisch nach vorne drehen. Die Grundregel lautet: Je größer die Spannung oder Dehnung, umso rascher kann ein Spieler seine Hüften für den Abschwung bewegen. Je schneller sich die Hüften drehen, umso besser, war Hogans Ansicht.

Im frühen Stadium des Rückschwungs begonnen, löst die Hüftbewegung im Abschwung eine Kettenreaktion aus. Das Gewicht wird auf das linke Bein verlagert, das rechte Knie knickt Richtung Ziel ein. Die Multiplikation der synchronisierten Bewegung von Rumpf, Hüften und Schultern überträgt die Kraft auf Arme und Hände. Sie konzentriert sich schließlich im Schlägerkopf, der aggressiv durch den Ball schlägt.

Eine sichere Methode, die Kraftverstärkung durch den Rumpf zu behindern, besteht laut Hogan darin, den Abschwung mit den Händen zu beginnen. Dadurch wird der Körper zu einem Schwung von außen nach innen gezwungen. Das Ergebnis ist Golfern nur zu gut bekannt: schwache Schläge, bei denen der Ball nach rechts wegdreht oder schnell nach links vom Ziel fliegt. Um dagegen anzugehen, empfiehlt Hogan Anfängern und Freizeitgolfern, jede bewusste Handbewegung aus dem Spiel zu lassen. Die Hände bleiben beim Abschwung inaktiv, bis sich die Arme in einer Position knapp oberhalb der Hüften befinden. Die Arme gelangen dorthin, weil sie der Bewegung der Hüften folgen. Hogan sagt, dass der Golfer dies spüren kann, wenn er den Schläger nach oben schwingt, die Position hält und dann die Hüften wieder nach links bewegt: Die Hände und Arme kommen automatisch herunter, ohne dass der Golfer dies bewusst steuert. In diesem Stadium des Schwungs sollte auch die aufgebaute Kraft zu spüren sein. Ab diesem Punkt solle man sich einzig und allein darauf konzentrieren, den Ball zu schlagen, meint Hogan. Sein Schwung war für seine kontinuierliche Bewegung vom Beginn des Abschwungs bis zum Ende des Durchschwungs bekannt.

Hogan hat wiederholt betont, dass er während des Spiels nur zwei Dinge im Kopf hat: zuerst mit den Hüften zu beginnen und dann den Ball so hart wie möglich mit Körper, Armen und Händen, in genau dieser Reihenfolge, zu schlagen. Er war der Ansicht, dass nichts schief gehen kann, wenn man während des Schwungs die richtige Reihenfolge der Bewegungen einhält. Hogans eigener Schwung bewies, dass die richtige Kettenreaktion explosive Kraft erzeugt.

Hogan glaubte daran, dass die Hüften im Abschwung die Arme nach unten ziehen. Schwingen Sie zum höchsten Punkt des Rückschwungs, um sich dies zu veranschaulichen. Wenn Sie nun die linke Hüfte bewegen, werden Sie erkennen, wie Hände und Arme nachziehen.

Die Bewegung des rechten Arms beim Golfschwung ist vergleichbar mit der Ballwurfbewegung beim Baseball.

Obwohl er während des Abschwungs nur an zwei Dinge dachte, hielt er es dennoch für wichtig, dass Golfer verstehen, was die Hände und Arme in dem so wichtigen Aufschlagbereich tun. Um die richtige Bewegung von Hand und Arm zu verstehen, riet Hogan den Golfern, sich einen Baseballspieler vorzustellen, der den Ball mit einer seitlichen Armbewegung wirft. Während der Arm nach vorne schwingt, ist der rechte Ellbogen nahe an der Hüfte und führt den Arm. Schließlich folgen Unterarm und Hand dem Ellbogen, und der Arm ist fast gerade, wenn er den Ball freigibt. Beim Durchschwung drehen sich Hand und Handgelenk, und die Handfläche zeigt am Ende der Bewegung nach unten. Diese Bewegung ist ähnlich wie die im Treffmoment beim Golfen. Die Mechanik dieser Wurfbewegung ist bei allen großen Spielern vor und nach Hogan ersichtlich: Jones, Sarazen, Snead, Nelson, Nicklaus und heute auch Tiger Woods.

Die Supination des linken Handgelenks

Bei vollen Schlägen wollte Hogan den Ball so hart wie möglich mit seiner rechten Hand schlagen, ohne dabei die linke Hand zu dominieren. Für ihn bestand der Vorteil dieser zweihändigen Bewegung darin, dass die linke Hand kontinuierlich am Schlag beteiligt wird. Er maß auch der Tatsache Beachtung bei, dass das linke Handgelenk und der linke Handrücken bei der Annäherung zum Treffmoment allmählich supinieren, sich also aus der Position am obersten Punkt des Rückschwungs, wo die Handfläche fast nach unten zeigt (Fingerknöchel nach oben), mehr in eine Position bewegen, in der die Handfläche nach oben zeigt (Knöchel drehen nach unten). Im Treffmoment ist der Handrücken der linken Hand auf das Ziel gerichtet. Der Handwurzelknochen ist angehoben, wie Hogan im Bild zeigt (oben rechts). Dadurch ist das Handgelenk im Treffmoment näher am Ziel als jeder andere Teil der Hand. So wird der Kraftfluss nicht durch das linke Handgelenk unterbrochen, und die rechte Hand dominiert nicht.

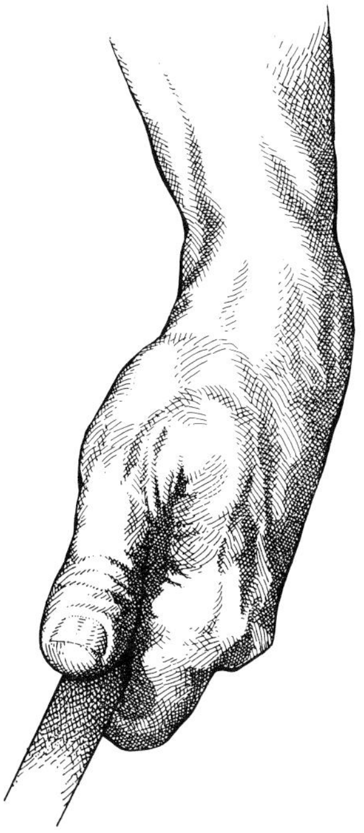

Hogan hätte gerne drei rechte Hände gehabt, um in diesem Schwungstadium Kraft zu erzeugen, allerdings nur, solange die linke Hand unter Kontrolle bleibt. Laut Hogan befindet sich jeder

Laut Hogan ideal: eine leichte Supination des linken Handgelenks

Falsche Stellung des linken Handgelenks, oft bei schlechten Spielern anzutreffen

Weiter Schwungbogen und gestreckte Arme im Treffmoment durch Supination

gute Golfer im Treffmoment in einer supinierten Position, während ein schlechter Golfer genau das Gegenteil tut – er proniert. Das bedeutet, er dreht seine Handgelenke und versucht, den Schlägerkopf zu manipulieren, im Glauben, der Schlägerkopf treffe dadurch square auf den Ball. In Wirklichkeit wird der Ball jedoch in die Luft gehebelt und verliert an Kraft. In einem Artikel in *Golf Digest* schrieb Hogan im April 1956: „Ich habe festgestellt, dass alle guten Golfer eines tun und alle schlechten Golfer nicht. Bei den guten Golfern ist das linke Handgelenk im Treffmoment führend. Dies scheint unbedeutend, trifft aber universell zu. Im Treffmoment ist das linke Handgelenk eines guten Spielers leicht konvex, das eines schlechten Spielers meist konkav."

Supination war für Hogan wichtig, da diese seiner Meinung nach dem Golfer hilft, im gesamten Schlagbereich einen weiten Bogen zu bewahren, weil die Arme unmittelbar nach dem Auftreffen voll gestreckt sind. Sie hilft zudem, den Ball sauber zu schlagen und die Flugbahn zu kontrollieren, insbesondere bei Eisen, da der Schlägerkopf automatisch den Ball und dann den Boden trifft. Diese Aktion erzeugt eine Flugbahn, bei der sich der Ball „durch die Luft bohrt".

Laut Hogan sollte man sich einiger weiterer Punkte hinsichtlich der Aufschlagzone bewusst sein. Im Treffmoment streckt sich der rechte Arm allmählich. Der einzige Zeitpunkt, an dem beide Arme gerade sind, ist unmittelbar nach dem Aufschlag, die Supination des linken Handgelenks hat dazu geführt. Dann beginnt sich der linke Ellbogen anzuwinkeln, ähnlich wie der rechte Ellbogen beim Rückschwung. Der rechte Arm bleibt bis zum Ende gestreckt, spiegelbildlich zum linken Arm beim Rückschwung. Nach Beendigung des Durchschwungs zeigt der linke Ellbogen zum Boden, ähnlich wie der rechte Ellbogen auf dem höchsten Punkt des Rückschwungs. Die rechte Schulter berührt das Kinn, und die Schultern haben jetzt die Hüften eingeholt.

Während des Treffmoments streckt sich der rechte Arm, im Moment des Ballkontakts ist er noch leicht gebeugt.

Im Durchschwung ist der linke Arm gebeugt – so wie der rechte Arm während des Rückschwungs.

Der rechte Arm im Durchschwung spiegelt die Stellung des linken Arms im Rückschwung wider.

Der linke Ellbogen am Ende des Durchschwungs – Spiegelbild des rechten am höchsten Punkt des Rückschwungs

Hinsichtlich des Unterkörpers bevorzugte Hogan ein Öffnen der Hüften in Richtung des Ziels, mit dem linken Bein leicht nach außen gebogen und dem Gewicht auf die Außenseite dieses Fußes verlagert. Sein letzter Gedanke beim Abschwung war immer, den Ball möglichst hart zu schlagen. Er dachte, dass viele Golfer versuchen, den Ball zu lenken, und dadurch ihre Kraft verringern – in dem Glauben, dadurch die Fehlerwahrscheinlichkeit zu reduzieren. Seine Meinung war – und er hat demonstriert wie kein anderer –, dass bei einer guten Grundlage der Ball je gerader fliegt, desto härter er geschlagen wird. Hogan war an jedem kleinsten Detail interessiert. Er wollte dem Golfer bestimmte Punkte nahe bringen und war immer darauf bedacht, sich kurz und prägnant auszudrücken, wenn er über die Mechanik und Technik des Golfschwungs sprach oder schrieb.

Meine Ansicht

Man kann mit Fug und Recht behaupten, dass Ben Hogan, San Snead und Byron Nelson die Väter des modernen Golfs sind. Mit ihren kraftvollen Schwüngen würden sie auch im heutigen Profisport eine gute Figur machen. Sie vollzogen die Trennung von den im Handgelenk stark abgewinkelten Schwüngen eines Walter Hagen oder Bobby Jones, deren Technik noch auf die biegsamen Hickoryschäfte ausgerichtet war. Als die stabileren Stahlschäfte aufkamen, machten die Spieler mit sehr körperbetonten Schwüngen von sich reden. Hogans Denkweise war überaus fortschrittlich, speziell was den Abschwung betrifft. Die Bedeutung, die er dem Einsatz des Unterkörpers beimaß, wurde nicht nur von Golflehrern und -spielern, sondern auch von Biomechanik-Experten als vorbildlich eingestuft. Ich glaube jedoch, dass einige seiner Gedanken über die Jahre hinweg fehlinterpretiert und nicht immer korrekt wiedergegeben wurden, daher präsentieren sich deren Interpretationen gelegentlich als irreführend. Hierzu noch einmal Gardner Dickinson in *Let 'er rip*: „Hogan war überzeugt, durch eine eingeschränkte Hüftdrehung im Rückschwung zusätzliche Spannung aufzubauen. Allerdings konnte ich an ihm niemals eine eingeschränkte Hüftdrehung beobachten. Mit anderen Worten: Selbst Topspieler schwingen nicht immer so, wie sie denken."

Heute kann man mit Hochgeschwindigkeits-Videokameras und anderen modernen Technologien schnell und lückenlos feststellen, was während des Schwungs geschieht. Ich bewundere auch Hogans Fähigkeiten bei der Schwunganalyse – damit war er seiner Zeit um Jahre voraus. Vergessen wird jedoch oft, dass er in erster Linie Golfspieler und nicht Golflehrer war. In jüngeren Jahren erteilte er zwar manchmal Unterricht, zu dem Schwung, der sich für ihn als ideal erweisen sollte, führten ihn jedoch erst die Schwunggedanken und -ideen, denen er sich in späteren Jahren intensiv widmete.

Jener Schwung ermöglichte es Hogan, seine Hook-Tendenz zu neutralisieren. Als Faustregel gilt: Gute Spieler und athletische Golfer neigen eher zum Hook, schlechtere Spieler indes eher zum Slice. Der Grund: Die Schwünge der Durchschnittsspieler sind weniger dynamisch, dadurch leiten sie den Abschwung mit dem Oberkörper ein, um vermeintlich Kraft zu erzeugen. Im Gegensatz dazu setzen gute Spieler ihren Unterkörper bewusst und stark ein. Dadurch schwingt der Schläger zu weit von innen zum Ball, was die Spieler durch Handeinsatz zu kompensieren versuchen. Wenn dieser zu spät erfolgt, sind Hooks und/oder Pushes die Folge. Schlechtere Spieler schwingen mit starkem Schulter- und Armeinsatz, woraus ein steilerer, von außen nach innen verlaufender Schwung resultiert, der Slices oder Pulls zur Folge hat.

Fest steht, dass nur aus einer guten Position am höchsten Punkt des Rückschwungs heraus eine effiziente Bewegung des Unterkörpers zur Einleitung des Abschwungs möglich ist. In dieser Schwungphase entscheidet sich, ob der Schläger in eine korrekte Schwungrichtung und -ebene geführt werden kann. Nur wenn diese beiden Elemente aufeinander abgestimmt sind, wird sich ein solider Schwung entwickeln.

In meinen Augen kann Hogans Schwungebene – relativ flach und niedrige Hände am höchs-

Diese Zeichnung verdeutlicht es: Hogan schwang den Schläger nach dem Treffmoment sehr stark nach links (innen).

ten Punkt des Rückschwungs – Probleme verursachen. Wenn sich ein besserer Spieler daran hält und den Abschwung, wie von Hogan empfohlen, mit einer ultraschnellen Hüftdrehung einleitet, wird er zu einem Schwung neigen, der zu sehr von innen nach außen verläuft. Folge: ein sehr starker Hook oder ein geblockter Schlag. Auch Hogan schwang den Schläger extrem von innen. Doch sein persönliches „Geheimnis" ermöglichte ihm, das obere Schlägerende nach dem Treffmoment sofort wieder entlang seiner linken Körperseite zu schwingen. Dadurch bewegte sich der Schlägerkopf nach dem Treffmoment wieder nach innen – spiegelbildlich zur Schwungkurve vor dem Treffmoment. Hogans Hände überrollten zwar deutlich, allerdings erst, nach dem Ballkontakt. Hogans Divots zeigten etwas nach links des Ziels, und er schlug einen dezenten Fade. Seine Bälle drifteten, nachdem sie den höchsten Flugpunkt erreicht hatten, stets etwas nach rechts ab.

Hogan sprach zwar oft von seinem „Von-innen-nach-außen"-Schwung, aber streng genommen verlief er von innen nach innen. Besser gesagt: Er verlief erst innerhalb der Ziellinie, während des Treffmoments entlang der Ziellinie und unmittelbar danach wieder innerhalb der Ziellinie. Ich denke, man hat den Satz „von innen nach außen schwingen" in den vergangenen Jahren viel zu großzügig verwendet. Insbesondere dann, wenn man einem Slicer zu Korrekturen seines „Von-außen-nach-innen"-Schwungs verhelfen wollte, war man mit dem Ratschlag „schwing doch von innen nach außen" stets schnell zur Stelle. Man riet Spielern, in die „2-Uhr"-Stellung zu schwingen, ganz so, als ob es sich dabei um ein universelles Heilmittel handele. Dies ist aber keineswegs der Fall! Beim „Von-innen-nach-außen"-Schwung handelt es sich um eine alt überlieferte Lehrmethode, bei der den Händen – im Gegensatz zu den großen Muskelgruppen – eine viel zu große Bedeutung beigemessen wird.

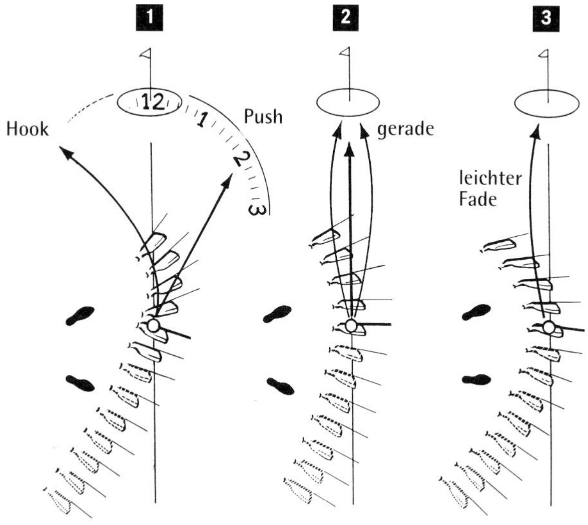

Schlägerkopf schwingt (1) übertrieben von innen nach außen und (2) von innen nach innen. (3) Hogans Schwungkurve verlief extrem von innen nach innen.

Ein guter Spieler, der den Ball beständig trifft, schwingt zwar von innen zum Ball, aber nicht so extrem wie Hogan. Es mag zwar sein, dass es dem Spieler extremer vorkommt, als es tatsächlich der Fall ist, weil sich der Schlägerkopf in einem runden Bogen dem Ball nähert. Verliefe der Schwung wirklich von innen nach außen, würde das Divot rechts des Ziels zeigen, und nicht zum Ziel oder – wie bei Hogan – gar etwas links des Ziels. Theoretisch betrachtet, befindet sich der Schlägerkopf nur wenige Zentimeter weit genau auf der Ziellinie – und zwar im Treffmoment. Danach folgt er ganz natürlich wieder dem Schwungbogen nach links („innerhalb der Ziellinie") oder rechts („außerhalb der Ziellinie"). Das Ergebnis werden relativ gerade Schläge mit etwas Seitendrall sein, die nur eine minimale seitliche Abweichung verzeichnen.

Dies bewahrheitet sich umso mehr im Zeitalter der modernen Golfbälle, die deutlich geradere Flugbahnen vorweisen. Was nicht unbedingt von Vorteil sein muss! So trauern Spieler wie Tom Watson und Lee Trevino den Bällen nach, die sie zu Beginn ihrer Karrieren benutzten, weil sie offensichtlich einfacher zu „manövrieren" waren. Meiner Meinung nach ist dies auch der Grund, warum das moderne Turniergolf weitaus weniger „Shotmaker" vorweist, die dem Ball jede nur erdenkliche Flugkurve geben können.

Natürlich wird den Spielern auch heute noch gelegentlich ein Fade oder Draw abverlangt. Dies erreichen sie, indem sie die Schwungrichtung variieren. Außerdem können sie ihre Ausrichtung ändern, indem sie beispielsweise weiter nach links (Ergebnis: stärkerer Fade) oder rechts (stärkerer Draw) zielen. Man kann auch die Stellung der Schlagfläche modifizieren, sodass sie am höchsten Punkt des Rückschwungs oder im Treffmoment entweder ein wenig offener oder geschlossener steht. Man muss viel üben, um den Ball faden, drawen, pullen oder pushen zu können. Es gibt jedoch kaum ein befriedigenderes Gefühl, als zuzusehen, wie der Ball genau dorthin fliegt, wo man ihn haben wollte.

Lassen Sie mich noch eines hinzufügen. Der schlechtere Spieler, dessen Divots deutlich links des Ziels zeigen, tut sich genauso schwer mit Schwungkorrekturen wie der Spieler, der wirklich von innen nach außen schwingt und dessen Divots nach rechts des Ziel zeigen. Ein Spieler, der von innen nach außen schwingt, macht dies unbewusst aus dem Gefühl heraus. Es bedarf eines starken Handeinsatzes, um den Ball in die gewünschte Richtung zu schlagen. Zu bedenken ist auch, dass einer der verheerendsten Golfschläge, der Socket (auch „Shank" genannt), aus einem zu stark von innen nach außen verlaufenden Schwung entsteht, bei dem der Ball mit der Schlägerkopf-Ferse getroffen wird.

Gute Golfer haben das Problem, dass sie nach einem nach links verzogenen Schlag instinktiv stärker von innen nach außen schwingen, um der Abweichung entgegenzuwirken. Dies erweist sich als verhängnisvoll: Je mehr sie von innen nach außen schwingen, desto stärker müssen sie im Treffmoment die Hände einsetzen und desto größer kann der Hook ausfallen. Denn sind die Hände nur etwas zu langsam (oder werden sie nur etwas zu spät eingesetzt), bleibt die Schlagfläche geöffnet, was einen Push oder einen nach rechts geblockten Schlag zur Folge hat.

Ein Schwung, der von innen nach außen verläuft, setzt einen betonten Körpereinsatz voraus, wodurch die Hände passiver agieren. Mit einem solchen Schwung kann ein trainingseifriger Spieler, der einen guten Rhythmus und gutes Timing vorweist, den Ball ziemlich beständig schlagen. Allgemein betrachtet sind sehr aktive Hände und Handgelenke aber nicht die zuverlässigste Methode, um den Ball kontrolliert zu schlagen.

Lassen Sie sich nicht von Hogans verhältnismäßig hoher Endhaltung irreführen. Wie auf einigen Fotos zu sehen ist, steht Hogan im Finish deutlich aufrechter als am höchsten Punkt des Rückschwungs. Dies ist normalerweise ein Hinweis, dass kein „Von-innen-nach-außen"-Schwung vorangegangen ist. Ich denke aber, dass der Hauptgrund für Hogans aufrechte Endhaltung in seiner lateralen, schiebenden Hüftbewegung liegt. Zur Erklärung: Dieses Schieben brachte seine Hüfte in Richtung Ziel. Mit der Hüftdrehung richtete sich der Oberkörper auf, sodass er nach dem Treffmoment fast aufrecht stand. In dieser Schwungphase schwang der Schläger deutlich links am Körper vorbei, doch das Aufrichten des Rumpfes hob Arme und Schläger in die hohe Endhaltung. Mit den längeren Schlägern (Driver, Fairway-Hölzern) wirkte Hogans Endhaltung etwas niedriger. Doch hierbei handelte es sich um eine optische Täuschung. Einmal in der Endhaltung entspannte Hogan die Arme und ließ den Schläger etwas herabfallen. Dadurch wirkte sein Finish etwas runder und flacher. Beim Fade schwingt man normalerweise erst nach links und dann in die hohe Endhaltung hinein.

Hogan behauptete, dass die Schwungebene während des Abschwungs abflacht. Dem stimme ich zu, wenngleich mit einer Einschränkung. In meinen Augen hat der Golfer, der im Rückschwung auf einer etwas steileren Ebene als im Abschwung schwingt, bessere Aussichten, auf der korrekten Ebene zum Ball zu gelangen. Hogans flache Rückschwungebene und sein dynamischer Richtungswechsel ließen den Schläger auf einer flacheren Ebene zum Ball schwingen als durch die Ansprechposition vorgegeben. Hogan stellte sich vor, dass seine imaginäre Glasscheibe während des Abschwungs etwas nach rechts des Ziels zeigt. Dies vermittelte ihm auch das Gefühl, seine Arme und der Schläger würden im Abschwung auf einer flacheren Ebene bewegt als im Rückschwung. Dieser Gedanke mag für das Kurieren des Slices hilfreich sein, beim Hook jedoch eher zu noch größeren Problemen führen. Auch Hogan neutralisierte sein Hook-Problem einzig durch die geöffnete Schlagfläche – nicht aber durch die flachere Abschwungebene.

Hogans hohes Schwungende bedeutete nicht, dass er von innen nach außen schwang.

Ich achte darauf, dass der Schläger im Abschwung parallel zur Schaftebene und oberhalb von ihr liegt, im Treffmoment hingegen exakt auf ihr. In diesem Zusammenhang möchte ich nochmals in Erinnerung rufen, dass für mich die Neigung des Schafts während der Ansprechposition die gesamte Schwungebene vorgibt. Der Schläger sollte, nachdem er die Hälfte des Abschwungs

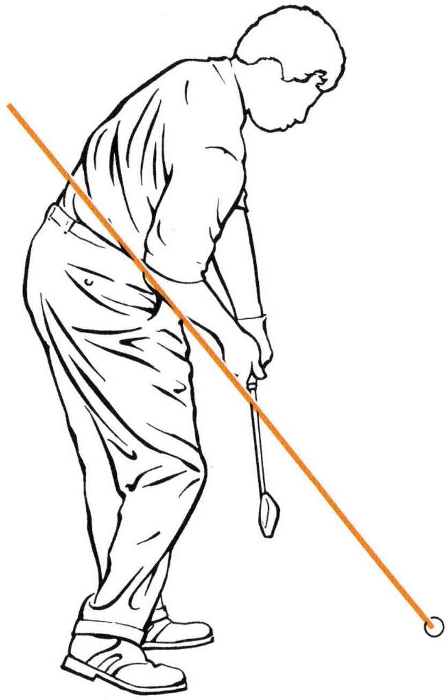

Ein unterhalb der imaginären Linie geführter Schlägerkopf bedeutet, dass zu sehr von innen geschwungen wird.

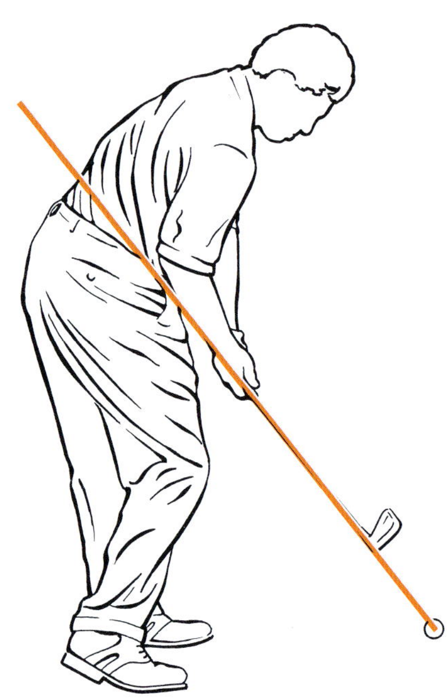

Der Schlägerkopf bewegt sich außerhalb der Hände, parallel und etwas über der Linie – er schwingt square zum Ball.

erreicht hat, niemals unterhalb die ursprüngliche, durch den Schaft vorgegebenen Ebene fallen. Geschieht dies trotzdem, so wird meines Erachtens der Schläger in einem viel zu flachen Winkel zu sehr von innen und viel zu sehr von der Rückseite des Spielers zum Ball schwingen. Für Hogan mag dies eine perfekte Schwunglösung dargestellt haben – für die Mehrheit der Golfer ist diese Variante jedoch nicht nachvollziehbar. Dies können Sie anhand einer Videoaufzeichnung bei der Verlängerung der Ball-Ziel-Linie überprüfen. Zeichnen Sie mit einem wasserlöslichen Stift eine Linie, die der Verlängerung des Schlägerschafts in der Ansprechposition entspricht. Überprüfen Sie auf halbem Weg des Abschwungs, ob sich der Schlägerkopf ober- oder unterhalb dieser Linie befindet.

Liegt der Schläger auf halbem Abschwungweg über der ursprünglichen Schaftebene oder parallel zu ihr, wird der Schlägerkopf vor dem Treffmoment außerhalb der Hände sein. Pros sprechen dann von einem Schläger, der „vor ihnen" statt „hinter ihnen" ist. Als Faustregel gilt, dass sich der Schläger unmittelbar vor dem Treffmoment in fast der gleichen Position befinden soll, wie bei der Einleitung des Rückschwungs. In beiden Fällen hat der Schlägerkopf außerhalb der Hände zu sein. Ich persönlich schätze dies als die perfekte Ausgangslage ein, um zu einem soliden Schlag zu gelangen.

Nick Price, der schlagtechnisch oft mit Hogan verglichen wird, verkörpert diese Bewegung wie kein anderer: steil im Rückschwung, dann flacher, parallel zur Schaftebene und oberhalb von ihr im Abschwung und schließlich genau auf der Schaftebene im Treffmoment, wobei sein Schläger dann im gleichen Winkel steht wie in der Ansprechposition.

Dies heißt jedoch nicht, dass Sie nicht gut spielen können, wenn Ihr Schläger im Abschwung teilweise unterhalb der ursprünglichen Ebene schwingt. Allerdings benötigen Sie dann Hogans Geschwindigkeit, seine Beweglichkeit und seine Fähigkeit, die Hände durch den Treffmoment hindurch aggressiv nach links zu schwingen, damit die Schlagfläche square auf den Ball trifft. Ich habe einige gute Spieler unterrichtet, bei de-

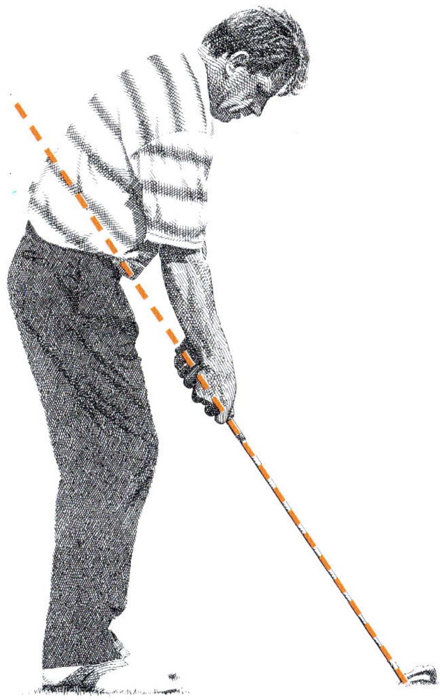

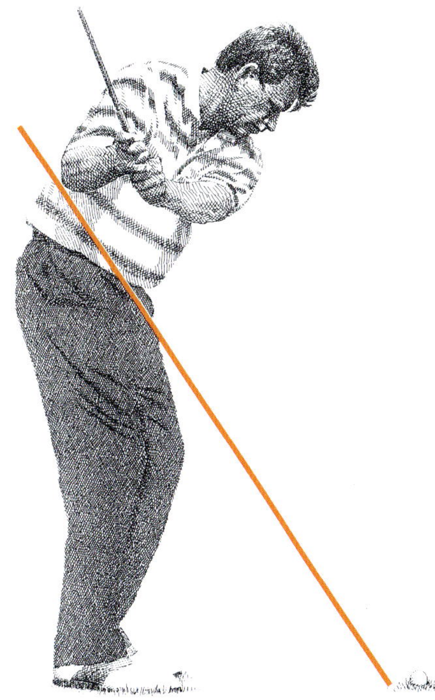

Nick Price

Hogans Schlägerschaft-Ebene in der Ansprechposition

Hogan führte den Schläger unterhalb der ursprünglichen Ebene in den Treffmoment.

nen – wie bei Hogan – der Schlägerkopf im Abschwung deutlich unterhalb der Schwungebene liegt, die in der Ansprechposition durch die Neigung des Schafts vorgegeben war. Diese Spieler schlugen oft Pushes oder Hooks, zudem bereiteten ihnen Eisenschläge Probleme. Auch Hogan hatte in frühen Jahren, als sein Schwung noch deutlich länger war, erhebliche Schwierigkeiten mit der Schwungebene. Sein übermäßiger Handgelenkeinsatz und seine hohe Schwunggeschwindigkeit verschlimmerten den flachen Eintreffwinkel gar noch, ebenso wie die von innen nach außen verlaufende Schwungrichtung. Das Ergebnis waren jene schlimmen Hooks, die Hogan so sehr zu schaffen machten.

Aber: Bei einigen erfolgreichen Spielern steht der Schaft im Treffmoment in einem steileren Winkel als in der Ansprechposition. Zudem sind auch ihre Hände höher als bei der Ballansprache. Dies führt zu Unbeständigkeit. Ich beobachte dies oft, wenn ein Spieler beim Drive versucht, den Ball mit einer leichten Aufwärtsbewegung des Schlägers vom Tee zu „fegen". Dabei verändert sich die Neigung des Rückgrats in Richtung Vertikale, der Körper kippt etwas hinter den Ball. Heutzutage sieht man dies sehr oft, weil viele Topspieler bis zu 45 Zoll lange Driver verwenden. Es ist weitaus einfacher, die Neigung des Rückgrats mit einem 43-Zoll-Driver konstant zu halten, daher stellte dies bis vor gar nicht langer Zeit die Standardlänge dar.

Ziel sollte sein, dass sich der Schlägerschaft im Treffmoment im gleichen Winkel wie in der Ansprechposition befindet. Dies ist insbesondere bei Eisenschlägen wichtig, bei denen es primär um Beständigkeit und Präzision geht. So kommt es, dass einige Spieler den Ball mit dem Driver zwar sehr gut treffen, bei den Eisen und Wedges aber bestenfalls Durchschnittsniveau erreichen.

Lassen Sie sich von der „Ebene"- und „Winkel"-Diskussion nicht verwirren. Ich gehe hier nur darauf ein, damit Sie verstehen, was während des Schwungs geschieht bzw. geschehen sollte. Auf dem Platz sollten Sie keinen Gedanken an Ebenen und Winkel verschwenden. Den Treffmoment können Sie ohnehin nicht kontrollieren, er ist das Ergebnis des vorausgegangenen Bewegungsablaufs. Eine Überprüfung der Geschehnisse während des Treffmoments ist ratsam, wenn Sie Schwungveränderungen vornehmen. Allerdings benötigen Sie schon eine Hochgeschwindigkeits-Videokamera mit Standbildern, um die Position des Schlägers in den verschiedenen Schwungphasen genau analysieren zu können. Ballflug und Divot können Ihnen nur ansatzweise Informationen vermitteln. Deshalb sind Videoaufzeichnungen auch das wichtigste Hilfsmittel eines jeden Golflehrers und -spielers.

Viele Spieler, die sich ohne Zeitlupenaufnahmen an Schwungkorrekturen versuchen, finden sich bald in einer Sackgasse wieder. Besteht doch ein großer Unterschied zwischen dem, was man denkt zu tun, und dem, was man wirklich tut. Verlassen Sie sich daher nicht nur auf Ihren Instinkt und Ihr Gefühl, wenn Sie an Ihrem Schwung Änderungen vornehmen möchten.

Um die Eisenschläge zu verbessern, betrachte ich die Maßnahme, den Schläger im gleichen Winkel zum Ball zu schwingen wie in der Ansprechposition vorgegeben, als besonders hilfreich. Bedenken Sie, dass Hogan insbesondere beim Driver mit größten Hook-Problemen zu kämpfen hatte. Beim Driver ist es nicht zwingend notwendig, exakt in der vorgegebenen Neigung zum Ball zu schwingen – der Ball kann immer noch, bei nur geringen seitlichen Abweichungen, 240 Meter weit fliegen. Bei Eisenschlägern ist der Spielraum für Fehler viel kleiner. Ich betone hier mit Nachdruck, dass alle Topspieler der Vergangenheit vor allem hervorragende Eisenspieler waren. Dies trifft im Besonderen auf Hogan zu. Welches Bild haben Sie im Kopf, wenn Sie an ihn denken? Höchstwahrscheinlich das berühmte Schwarz-Weiß-Foto, das Hy Peskin während der US Open 1950 in Merion am 18. Loch glückte. Es zeigt Hogan in wunderschöner Endhaltung, nachdem er den 200-Meter-Schlag 12 Meter neben die Fahne gesetzt hatte. Hogan benötigte ein Par, um ein Stechen zu erzwingen. Ihm gelang das Par, und tags darauf holte er sich den Titel. Er war ein brillanter Eisenspieler!

Vor allem den Driver führen viele Topspieler steiler in den Treffmoment, als er bei der Ballansprache war. Die Hände liegen dann höher, und das Rückgrat scheint aufrechter.

Sich aufzurichten ist eine Möglichkeit, den Driver kraftvoller zu schwingen.

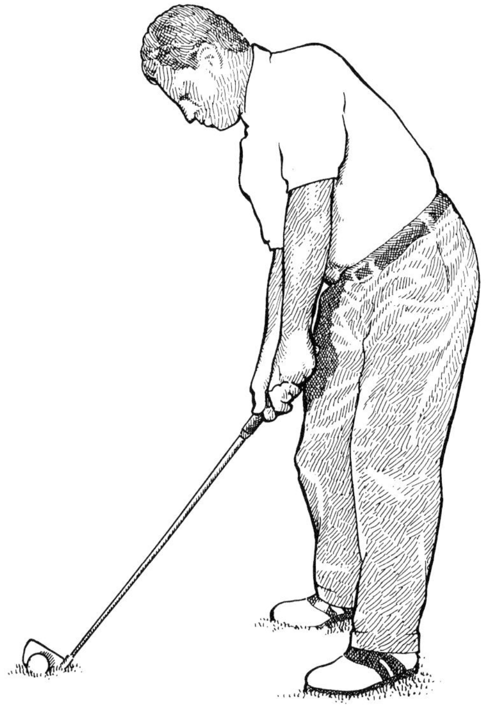

Trainieren vor dem Spiegel hilft, ein Gefühl für die richtige Position im Treffmoment zu entwickeln.

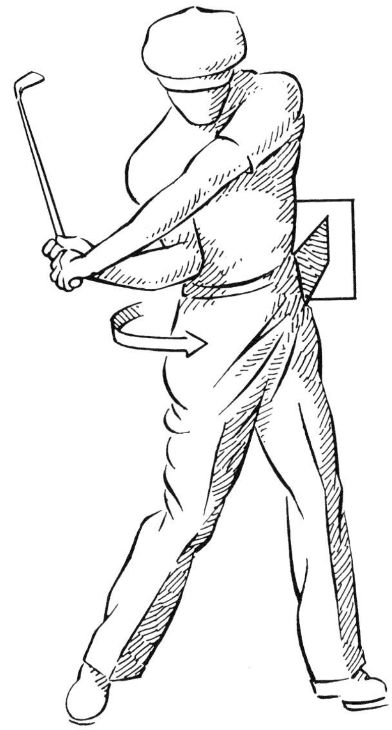

Hogan leitete den Abschwung durch eine Links-Rotation der Hüften ein.

Gute Scores erzielt man mit guten Eisenschlägen, daher gilt Präzision bei Eisenschlägen als höchstes Gebot. Der Ball muss möglichst genau gespielt werden, sowohl was die Entfernung als auch die Richtung anbetrifft. Dies lässt sich am besten erreichen, wenn der Schaft im Treffmoment in fast dem gleichen Winkel steht wie in der Ansprechposition. Ein Spieler mit guter Auge-Hand-Koordination und dynamischem Schwung kann natürlich eine zu steile Ebene kompensieren – aber eigentlich gelingt ihm dies nur, solange er den Ball aufteen kann. Mit den Eisen ist das Kompensieren erheblich schwieriger, insbesondere mit den Eisen 5 bis 9 und den Wedges, weil ein besonders hohes Maß an Präzision erforderlich ist, um den Ball gut anzunähern. Der Gedanke, dass die Schwungebene durch die Neigung des Schafts in der Ansprechposition vorgegeben ist, verhilft zu Beständigkeit. Verinnerlichen Sie das Bild des Schafts im Treffmoment, wie er im richtigen Winkel zum Boden steht und Ihre Hände nah am Körper sind. Ich empfehle das Training vor dem Spiegel, wobei der Schwung im Treffmoment abgebremst wird, um die Körper- und Schlägerhaltung zu überprüfen.

„Die Hüfte leitet den Abschwung ein", schreibt Hogan, und weiter: „Drehen Sie Ihre Hüfte nach links zurück, um den Abschwung einzuleiten. Die Hüftdrehung kann dabei gar nicht schnell genug erfolgen." Ich bin überzeugt, dass Hogan hier falsch verstanden wurde, was viele Golfer jahrelang verwirrte. Hogan betonte zwar, dass „die laterale Vorwärtsbewegung der Hüften notwendig ist, um das Gewicht auf den linken Fuß zu verlagern". Ich meine, diese laterale Bewegung geriet später in Vergessenheit. Wohl auch, weil in *Five Lessons* zu sehen ist, wie Hogans linke Hüfte von einem Gummiband nach hinten gezogen wird, ganz so, als würde er in einem Holzfass schwingen. Im Film ist jedoch deutlich zu erkennen, dass Hogan im Abschwung zunächst eine sehr betonte, laterale Bewegung vollzog, ehe die Hüfte nach links drehen konnte.

Hogans „sitzender" Schwung – von vorne gesehen

Sam Sneads „sitzender" Schwung in jungen Jahren. Im Vergleich zu Hogan verlagerte er weniger Gewicht nach links.

Diese Bewegung ist deshalb so wichtig, weil Hogan den Abschwung mit einem so nachdringlichen Zurückdrehen der Hüfte einleitete. Weltweit haben Millionen von Golfern Schwierigkeiten mit dieser Schwungphase. Sie laufen Gefahr, noch größere Probleme zu bekommen, wenn sie versuchen, die Hüfte ebenso deutlich zu drehen, wie Hogan dies rät. Drehen diese Spieler die Hüfte zunächst nach links, so sind sie gezwungen, den Oberkörper zu verwinden und frühzeitig in Richtung Ziel zu verlagern. Dadurch schwingt der Schläger sehr steil, in einer von außen nach innen verlaufenden Schwungrichtung zum Ball. Der Spieler wird dann von oben herab sprichwörtlich auf den Ball „hacken", das Ergebnis werden Slices, Pulls, häufig unterschlagene Drives sowie stark nach links zeigende Divots sein. Profis bezeichnen solche Schwünge als „over the top". Hogan war sich nicht bewusst, wie sehr seine Hüfte zu Beginn des Abschwungs „schob". Auf Zeitlupenaufnahmen lässt sich erkennen, dass dieses Schieben der Hüfte zur Zielseite bereits erfolgte, bevor Hogan den Rückschwung beendet hatte. Hogans gleitende Hüftbewegung war übrigens ausgeprägter als beispielsweise jene von Sam Snead. Aber Snead drehte bis zum höchsten Punkt des Rückschwungs auch weitaus prägnanter und verlagerte sein Gewicht auch deutlicher nach rechts.

Hogan leitete den Abschwung mit dem Unterkörper ein, ein Schwunggedanke, mit dem jeder Topspieler den Richtungswechsel zurück zum Ball startet. Hogans These war, mit der Hüftdrehung die Vorwärtsbewegung auszulösen. In meinen Augen formulierte Jack Nicklaus es sehr treffend, als er sagte, dass der Abschwung „ein Zurückdrehen zum Ball vom Boden aufwärts" ist. Alle großen Spieler hatten – und haben – Schlüsselgedanken, die auf dieser Aussage beruhen. Hogan hielt sich an folgende Reihenfolge: Erst schob er die Hüfte lateral zum Ziel, dann begannen seine Arme die Abwärts-Bewegung, und schließlich drehte er seinen ganzen Körper –

Auf halbem Weg des Abschwungs standen Hogans Hüften noch parallel zur Ziellinie.

nicht nur seine Hüfte, sondern auch seinen Oberkörper – schnell durch den Ball. Hogans Abschwung ist eine der explosivsten Bewegungen der Sportgeschichte. Selbst auf Fotos ist die Dynamik erkennbar.

Die Drehung des gesamten Oberkörpers ist ein guter Schwunggedanke! Hogan drehte mit seinem ganzen Rumpf, wie dies auch zahlreiche andere Topspieler tun. Während des Abschwungs geschieht alles so schnell, dass es unmöglich ist festzustellen, wo der Rückschwung endet und der Abschwung beginnt. Das eine gehört einfach zum anderen. Ich bin überzeugt, dass sich Hogan darauf konzentrierte, seine kräftige Bauch- und Gesäßmuskulatur einzusetzen, um die Hüfte schnell aus dem Weg zu drehen. Doch tatsächlich erfolgte diese Aktion weitaus später, als er annahm. Bei näherer Betrachtung der Zeichnung können Sie erkennen, dass seine Hüfte auf halbem Weg des Abschwungs noch immer parallel zur Ziellinie zeigt. Sie ist also nicht geöffnet, zeigt nicht zum Ziel. Der Einsatz des Unterkörpers ist der Schlüssel für Kraft und Gleichgewicht während des Schwungs, insbesondere in der Phase des Richtungswechsels. Betrachten Sie diese korrekte Bewegung ganz genau! Wie Sie erkennen können, beinhaltet sie weitaus mehr als nur die Hüftdrehung im Abschwung.

Als ich Bilder von Ben Hogan vor und nach seinem Unfall verglich, stellte ich fest, dass sein Schwung nach der Genesung deutlich kürzer und die Schlagfläche weiter geöffnet war (ich erwähnte dies bereits im Kapitel über den Rückschwung). Ich gehe davon aus, dass seine Beinaktivität nach dem Unfall deutlich nachließ. Die Verletzungen an seinen Beinen haben vermutlich bewirkt, dass er sie nicht mehr so explosiv einsetzen konnte. Durch die Kombination des kürzeren Schwungs mit der ruhigeren Beinaktivität verbesserte er meiner Meinung nach sein Timing, was seine Beständigkeit in allen Bereichen des Spiels zur Folge hatte (und die Tendenz zum Hook weiter abschwächte). Seine Turnierergebnisse schienen dies zu bestätigen – sein Schwung war einfacher und effizienter geworden. Hierbei handelt es sich zwar nur um eine

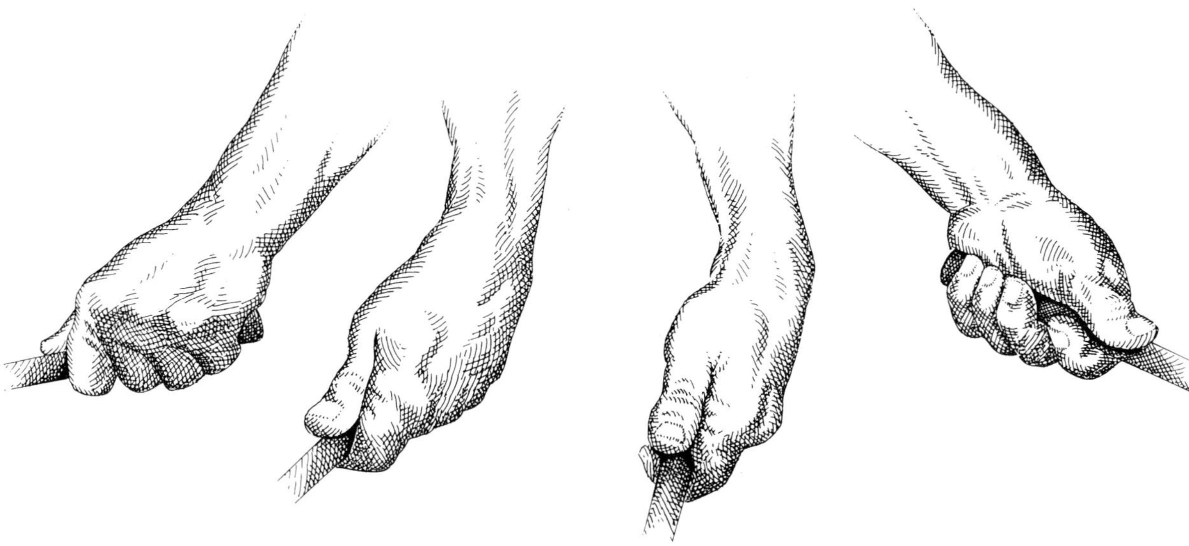

Die Supination des linken Handgelenks: Die Handfläche zeigt im Rückschwung nach unten, im Durchschwung nach oben.

Theorie, aber in meinen Augen um eine berechtigte. Was glauben Sie, wie viele Spieler zu einem beständigeren Spiel fanden, nachdem sie eine ruhigere Unterkörper- und Hüftbewegung entwickelt hatten?

Unabhängig von ihrer Spielstärke können Golfer auf hunderte von Schwunggedanken und „Tipps" zurückgreifen. Manche davon machen Sinn, andere sind an den Haaren herbeigezogen. Hogan hatte offensichtlich – dank seines Talents und seiner Beharrlichkeit – für sich die richtigen Schlüsselgedanken gefunden. Er sprach viel von der Supination, also der Auswärtsdrehung des linken Handgelenks, bei der der linke Handrücken im Treffmoment abwärts zeigt und der Übergang vom linken Unterarm zum linken Handrücken konvex gerundet ist. Für ihn war der linke Handrücken das direkte Spiegelbild der Schlagfläche, daher konnte er durch die Supination die Flughöhe seiner Schläge kontrollieren. Für Hogan war die Flughöhe das ultimative Kriterium für die Qualität seiner Schläge. Leute, die ihn beim Training beobachteten, waren stets aufs Neue erstaunt, dass seine Schläge immer mit der gleichen niedrigen Flugkurve starteten.

Zum Thema Supination gilt es jedoch einige Aspekte zu berücksichtigen: Erstens, sie verlangt nach sehr viel Training. Und zweitens schlagen viele gute Golfer, die sich an der Supination versuchen, zunächst Hooks oder niedrige Bälle. Hogan konnte sich auf die Supination verlassen, weil er einen „schwachen" Griff hatte (das V, gebildet von Daumen und Zeigefinger, zeigte eher zum Kinn als zur rechten Schulter). Dadurch war seine Schlagfläche während des Abschwungs weit geöffnet, so sehr, dass Fachleute zweifelten, ob er sie bis zum Treffmoment wieder „square" an den Ball bringen würde, andernfalls hätte er Slices oder gar Sockets geschlagen. Doch dank der Supination, sprich der Drehung der linken Hand zur Kleinfingerseite, konnte Hogan die Schlagfläche immer noch rechtzeitig square zum Ball schwingen. Golfer mit einem stärkeren Griff als Hogan, bei denen die Schlagfläche im Abschwung nicht geöffnet ist, würden diese im Treffmoment viel zu sehr schließen, wenn sie

Sein „Geheimnis" ermöglichte es Hogan, den Schläger mit geöffneter Schlagfläche in den Treffmoment zu führen.

Achtung: Wenn Sie über einen stärkeren Griff als Hogan verfügen und die Supination übertreiben, wird das Schlägerblatt geschlossen auf den Ball treffen. Das Ergebnis ist ein Hook.

sich an der gleichen Treffmoment-Position versuchten, die auf dem Bild von Hogan überdeutlich demonstriert wird.

Hogan könnte als „Open-to-closed"-Spieler bezeichnet werden. Darunter versteht man einen Spieler, dessen Schlagfläche am höchsten Punkt des Rückschwungs geöffnet ist (die Schlägerkopfspitze zeigt zum Boden) und während des Abschwungs zudreht, wodurch sie im Treffmoment square auf den Ball trifft. Richtiger wäre jedoch die Bezeichnung „Open-to-square"-Spieler, denn nachdem er seinen Schwung perfektioniert hatte, war seine Schlagfläche nie mehr geschlossen. Andere Spieler schwingen mehr „closed-to-open". Lee Trevino, der die US Open, die British Open und die PGA Championship jeweils zweimal gewann, zählt zu den besten Eisenspielern der Welt. Am höchsten Punkt des Rückschwungs ist seine Schlagfläche geschlossen (zeigt zum Himmel). Während des Abschwungs öffnet er sie, sodass sie im Treffmoment wieder square ausgerichtet ist. Supination des linken Handgelenks und Rotation des linken Unterarms nach Hogans Vorbild würden bei Trevino zu bösen, niedrig fliegenden Hooks führen. Trevino verfügte über einen der besten Fades auf der Tour und schlug aufgrund seiner geschlossenen Schlägerfläche sehr flach – wahrscheinlich mochte er deshalb windiges Wetter.

Als Faustregel gilt, dass die „Shut-to-open"-Spieler Schwierigkeiten haben, den Ball mit den Eisen hoch zu schlagen. Es gibt Leute, die gar behaupten, „Shut-to-open-"Spieler hätten einen Schwungfehler. Man kann dies aber auch differenziert betrachten. Trevino beispielsweise hatte während der US Masters immer Probleme, weil es im Augusta National Golfclub wichtig ist, erstens den Ball vom Abschlag weit – „carry" – zu schlagen, um die Hügel zu überwinden, und zweitens die Eisen hoch zu schlagen, um den Ball auf den harten Grüns zum Halten zu bringen. Trevino verfügte nie über die erforderliche

Flughöhe, um in Augusta erfolgreich abzuschneiden – und er fand sich damit ab. Dagegen dominierte er das Geschehen bei den British Open, die er gleich zweimal in Folge (1971 in Royal Birk-dale und 1972 in Muirfield) gewann. Der Wind ist ein spielentscheidendes Element bei den British Open. Trevino gewann auch die US Open und die PGA Championship jeweils zweimal, weil er den Ball auf den engen Fairways im Spiel halten und auf den Grüns zum Stoppen bringen konnte. Er verfügte eben über eine herausragende Fähigkeit, den Ball zu kontrollieren. Zudem verfügte er über einen sehr ausgeprägten Willen. Er hatte sich vorgenommen, mit der Technik, die er sich im windigen Westen von Texas angeeignet hatte, zu bestehen. Der Lohn für diese Willensstärke war eine brillante Karriere.

Ich denke, dies ist der richtige Zeitpunkt, einen Blick auf die Golfphilosophie zu werfen. Wir alle brauchen eine Philosophie, die uns in unserem Streben nach Verbesserung der Schwungtechnik unterstützt. Wie bereits mehrmals erwähnt, ist es unmöglich, Hogans Schwung zu kopieren, war seine Technik doch das Ergebnis zahlreicher Schwungkorrekturen und -umstellungen sowie harter Arbeit, zahlreicher Experimente und einer unglaublichen Hartnäckigkeit. Er probierte ständig etwas Neues, fand zwar nicht immer gleich die richtige Lösung, verlor aber niemals sein Ziel aus den Augen. Er hatte einen Plan, den er konsequent verfolgte.

Wenn Sie nicht die Möglichkeit haben, regelmäßig und entsprechend eines durchdachten Trainingsplans zu üben, können große Schwungveränderungen Ihrem Spiel schaden. Vergessen Sie niemals, dass ein und derselbe Schwung nicht zu jedem Spieler passt und dass alle Schwungkorrekturen Ihren Voraussetzungen gerecht werden müssen. An diese Erkenntnis hielt sich Ben Hogan vorbehaltlos!

Angenommen ein erfolgreicher „Shut-to-open“-Spieler würde bei mir um Unterricht nachsuchen. Nun, seine Schlagfläche wäre am höchsten Punkt des Rückschwungs geschlossen. Wir gehen jetzt aber davon aus, dass dieser Spieler den Ball kontrolliert und beständig trifft. Es ist durchaus möglich, dass er unter schlechten Rahmenbedingungen an das Spiel herangeführt wurde oder auf einem engen Heimatclub lernen musste, seine Schläge geschickt zu platzieren. Denn jeder Schwung wird schon in frühen Jahren geformt.

Die individuellen Eigenschaften, die ein Golfer schon als Anfänger entfaltet – ob nun gute oder schlechte –, bleiben ihm ein Leben lang erhalten. Nick Price kämpft im Grunde heute noch gegen die Schwungneigungen, die ich schon bemerkte, als er zwölf Jahre alt war. So fällt er immer wieder in seine unruhige Beinarbeit zurück. Wir arbeiten konsequent an seinen Schwungtendenzen – und wissen doch, dass sie sich jederzeit wieder in sein Spiel einschleichen können. Deswegen muss ich sehr behutsam vorgehen, wenn mich ein Spieler um Rat bittet. Wie soll ich mich beispielsweise verhalten, wenn sich ein „Shut-to-open“-Spieler über „zu niedrige Flugkurven“ beschwert, aufgrund derer er den Ball auf den Grüns nicht rasch genug zum Stoppen bringt? Ich würde ihm wahrscheinlich mehrere Lösungsalternativen vorschlagen: fortan ein Holz 7 zu benutzen (sofern sein Stolz dies zulässt), den Loft seiner langen Eisen vergrößern zu lassen, einen weicheren Schaft zu verwenden oder Technikveränderungen vorzunehmen. Jeder einzelne dieser Vorschläge könnte ihm weiterhelfen.

Angenommen wir kämen nach einigen Experimenten zu dem Ergebnis, seine Technik verändern zu wollen. Nun gilt es, seine Schlagfläche im Treffmoment etwas geöffneter auf den Ball treffen zu lassen, wodurch sich der Loft vergrößert und der Ball entsprechend mehr steigt. Soll der Spieler hierfür den Griff verändern (was sich eventuell über einen längeren Zeitraum hinweg unbequem anfühlen könnte)? Oder soll er versuchen, wie Hogan seine Schlagfläche am höchsten Punkt des Rückschwungs zu öffnen (was eigentlich nur ein Trick ist)? Oder sollen wir das Problem aus einer ganz anderen Perspektive heraus in Angriff nehmen?

Erfahrung und Instinkt sagen mir, dass dieser Spieler durch eine einfache Ausgleichsbewegung eine günstigere Position im Treffmoment erreichen kann. Die meisten guten Spieler, so auch Hogan, vollführen äußerst erfolgreich die eine oder andere Form der Kompensation. Der Spieler, von dem wir hier sprechen, hat wahrscheinlich kein Problem mit den mittleren und kürzeren Eisen, weil deren Schlägerblätter genug Loft haben. Vermutlich bedient er sich auch eines Drivers mit etwas mehr Loft und eines Schafts mit niedrigem Flexpunkt, womit der Ball schon etwas höher geschlagen wird. Warum ich so ausführlich auf diesen hypothetischen Spieler eingehe? Weil Ihnen als Leser deutlich vor Augen geführt werden muss, dass eine Schwungveränderung ein schwieriger Vorgang ist, der zumeist einige Rückschläge beinhaltet, ehe eine einfache, schnelle und dauerhafte Lösung gefunden ist. Es ist dabei so gut wie unmöglich und wenig Erfolg versprechend, den Schwung eines erfolgreichen Spielers „einfach" zu kopieren – wie herausragend der Spieler auch immer sein mag.

Ich würde diesem „Shut-to-open"-Spieler raten, sein linkes Handgelenk während des Abschwungs etwas nach hinten abzuwinkeln (das Gegenteil dessen, was Hogan propagierte). Mein Schüler könnte die Rotation des linken Unterarmes gegen den Uhrzeigersinn mit dem Gefühl verbinden, das Zifferblatt seiner Uhr im Treffmoment etwas zum Himmel zeigen zu lassen – allerdings unter der Voraussetzung, dass die Hände dabei vor dem Schlägerkopf bleiben. Dies wäre eine ideale Position für einen guten Golfschwung! Das leichte Abwinkeln zur Handrückenseite öffnet die Schlagfläche und ermöglicht dem Spieler, den Schläger besser „frei" zu geben. Im Gegensatz dazu bewirkt ein zu spätes Treffen des Balles eine Verringerung des Schlagflächen-Loftes – was der Spieler ja verhindern möchte. Die meisten Spieler, die während des Abschwungs den Winkel zwischen linkem Arm und Schlägerschaft lange halten (den Ball daher „spät" treffen), möchten ein frühzeitiges Schließen der Schlagfläche verhindern. Die Folge wäre ein Hook – ein Schlag, den alle guten Spieler fürchten.

Ich würde dem „Shut-to-open"-Spieler vermutlich diese Korrektur empfehlen, denn seinen

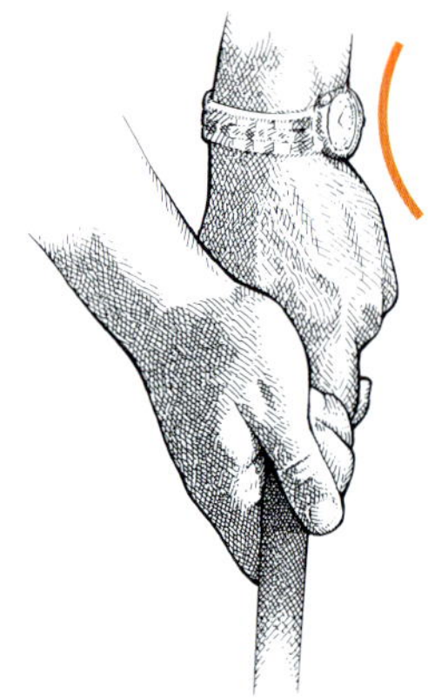

Ein leicht abgewinkeltes linkes Handgelenk im Treffmoment kann sich positiv auf das Schlagergebnis auswirken.

Schwung hat er im Laufe seines Golferlebens schon gefestigt. Drastische Veränderungen könnten daher einen Eingriff in sein sensorisches System darstellen. Erst nach Bewältigung einer anstrengenden, zeitraubenden Aufgabe würde sich der Golfer mit einem völlig neuen Schwung wohl fühlen (schlimmstenfalls könnte sein Spiel gar dauerhaft Schaden nehmen). Nicht jeder Golfer, nicht einmal Topspieler brauchen die Supination des linken Handgelenks. Die Behauptung, es handele sich dabei um eine typisch Hogan'sche Schwungeigenschaft, wäre gar nicht so falsch. Ebenso wenig wie die Behauptung, dass die meisten besseren Golfer die Hände im Treffmoment – wie Ben Hogan – vor dem Schlägerkopf haben. Womit die Liste der Ähnlichkeiten aber schon erschöpft wäre. Hogan hielt im Treffmoment zwar die Hände vor dem Schlägerkopf, aber dies ist kein Indiz für Supination.

Ich hoffe, Ihnen nunmehr vor Augen geführt zu haben, warum Hogans Schlüsselgedanken nicht für jeden Fan seines Buches *Five Lessons* geeignet sind. Die Supination des linken Handgelenks muss sich nicht für jeden Golfer als Vorteil erweisen – ebenso wenig wie das Wegdrehen der Hüfte als Einleitung des Abschwungs. Vertiefen Sie sich daher mit Vorsicht in die Lektüre von Hogans Ratgeber. Es gilt, viele Informationen zu analysieren, um herauszufinden, welche für Sie persönlich von Nutzen sein könnten. Verwerten Sie, was Ihnen hilfreich erscheint – und

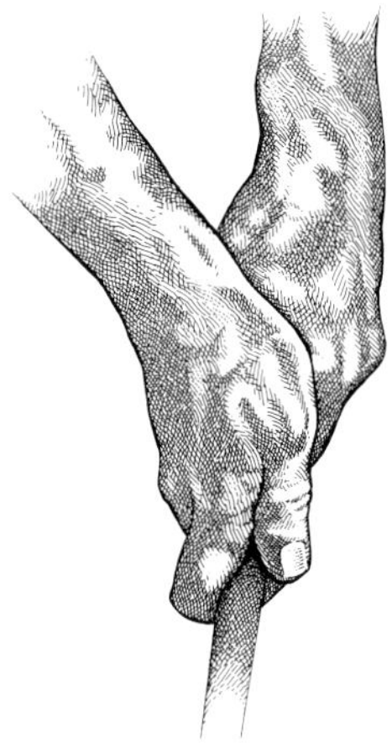

Die Supination der linken Hand im Treffmoment

Das linke Handgelenk ist nach dem Treffmoment noch leicht abgewinkelt.

decken Sie den Mantel des Vergessens über den Rest. Natürlich spricht nichts dagegen, alles auszuprobieren. Geduld und Experimentierfreude wird schlussendlich zum Ziel führen. Achten Sie aber auf jede einzelne Information, die Sie im Treffmoment oder durch den Ballflug erhalten!

Ich habe mir Hogans Handeinsatz unmittelbar nach dem Treffmoment sehr genau angesehen. Weil der rechte Arm nach dem Treffmoment über den linken drehte, gelangte seine linke Hand sehr schnell von einer Supinar-Stellung (linker Unterarm und linker Handrücken konvex abgerundet) in eine Position, bei der linker Unterarm und linker Handrücken eine konkave Rundung aufweisen. Noch deutlicher wird dies in der Endhaltung. Seine Arme wirken entspannt, das linke Handgelenk ist zur Handrückenseite hin abgewinkelt. Selbst ihm wäre es unmöglich gewesen, die Supinar-Stellung nach dem Treffmoment zu halten, ohne starke Hooks zu schlagen. Bei Hogan war die Schlagfläche noch unmittelbar vor dem Treffmoment geöffnet, dann folgte die Supination, die die Schlagfläche in die rechtwinklige Treffmoment-Stellung drehte. Zudem bewirkte das leichte Abwinkeln des linken Handgelenks zur Handrückenseite, dass die Schlagfläche nach dem Treffmoment square blieb. Hogan dachte, dass seine Hände niemals überrollten und dass seine rechte Hand immer unter der linken blieb. Ganz so, wie er dies auf Seite 96 für die Linse des Fotografen nachgestellt hat.

Am Ende des Durchschwungs – nun sind beide Handgelenke abgewinkelt.

Hogan versuchte, ein Überrollen der Hände im Durchschwung (hier bewusst demonstriert) zu verhindern.

Hogan legte Wert darauf, dass seine rechte Hand unter der linken durch den Treffmoment schwang.

Streng genommen manipulierte Hogan die Schlagfläche durch den Treffmoment. Aber angesichts seines unglaublichen Gefühls in den Händen bin ich überzeugt, dass seine Bewegung durch den Treffmoment rein instinktiv erfolgte, also eine reine Reaktion darstellte. Er hat diesen Bewegungsablauf geformt und durch kontinuierliches Training gefestigt.

Bei der Supination gilt es auch folgenden Aspekt zu beachten: Die Supinarstellung des linken Handgelenks ist durchaus wünschenswert bei Schlägen mit den Eisen, bei denen der Ball mit Divot in der Abwärtsbewegung geschlagen werden soll. Beim Schlag mit dem Driver ist es indes günstiger, den Schläger ganz frei zu geben, denn Sie möchten den Ball ja mit einer fegenden Bewegung – und auf keinem Fall mit einem Divot – vom Tee schlagen. Im Treffmoment sollte das obere Ende des Griffes schon ein wenig nach hinten zeigen (zum Bauchnabel und nicht, wie beim Eisen, zur linken Hüfte). Es geht beim Schlag mit dem Driver also darum, den Schlägerkopf die Hände überholen zu lassen, damit der Ball mit einer leicht ansteigenden Schlägerkopf-Bewegung getroffen wird. Gewissermaßen war dies auch bei Hogan der Fall, wie man dem Bild auf der folgenden Seite entnehmen kann.

In *Five Lessons* macht Hogan eine interessante Aussage über die Rolle der Hände: „Ich wünschte, ich hätte drei rechte Hände, um noch kraftvoller zuschlagen zu können." Als Linkshänder konnte er den Schläger mit dem linken Arm durch den Treffmoment führen und dabei mit der rechten Hand kraftvoll zuschlagen, ohne befürchten zu müssen, die rechte Hand könnte dominieren und die Schlagfläche schließen. Hogan dachte zwar, dass er seine Schlagkraft der rechten Hand verdankte. Tatsächlich war sie aber auf

Hogan demonstriert hier die ideale Treffmoment-Position mit dem Driver.

Übungsschwünge mit der rechten Hand sind ideal, um den Einfluss der rechten Körperhälfte auf den Schwung zu erleben.

seine ganze rechte Körperseite zurückzuführen, sodass die Bemerkung „ich wünschte, ich hätte drei rechte Körperseiten“ zutreffender gewesen wäre. Neben der rechten Hand waren nämlich auch der rechte Fuß, das rechte Knie, die rechte Hüfte, der rechte Arm und die rechte Schulter involviert. Ein hilfreicher Gedanke: Auf halbem Weg des Abschwungs sollte die rechte Körperseite eine gewichtige Rolle spielen – ganz so, als würden Sie einen Ball werfen.

Ich sehe es gerne, wenn Golfer auf der Driving-Range Bälle nur mit der rechten Hand schlagen, denn so wird das Gefühl für die rechte Körperhälfte gefestigt. Nick Price ist – wie Hogan – Linkshänder. Sein Spiel hat sich deutlich verbessert, seit er den Ball nur mit der rechten Hand schlagen kann. Probieren Sie es selbst einmal mit dem Eisen 9, wobei Sie anfangs den Ball aufteen dürfen. Es wird Sie überraschen, wie sich Ihr Schwunggefühl dadurch verbessert.

Hogans kräftige rechte Körperhälfte bestimmte den Schwung.

Kommen wir noch einmal auf den Unterkörper zurück, wobei wir uns diesmal den Treffmoment genauer ansehen werden. Laut Hogan ist der Beineinsatz korrekt, wenn sich das linke

Vorbildlich: das gestreckte linke Bein nach dem Treffmoment

Knie nach außen dreht und sich so das Gewicht auf die Außenseite des linken Fußes verlagert. Ich denke, dass sich das linke Bein im Treffmoment streckt (es aber nicht durchgedrückt wird!), weil es die Kraft der Beschleunigung abfangen muss. Es bildet den Widerstand, während Schläger und Arme an ihm vorbeischwingen. In den vergangenen Jahren haben sich viele bessere Spieler auf ein gestrecktes linkes Bein konzentriert, das für sie zu einer Art Stützbalken des Schwungs geworden ist. Ich bin überzeugt, dass die Spieler sich weiterhin an diesen Schwunggedanken halten sollten, denn ein abgewinkeltes linkes Bein leistet nicht den nötigen Widerstand. Hogans Bein war im Treffmoment zu einem gewissen Grad abgewinkelt und nach außen gebeugt. Ich bin aber überzeugt, dass er es weitaus früher streckte, als er selber annahm. Dies lässt sich daran erkennen, dass sein linker Fuß fest mit dem Boden verankert war und sein Gewicht nur bedingt auf der Außenseite seines linken Fußes lastete. Er präsentierte eine kraftvolle, dynamische, für jedermann nachahmenswerte Haltung.

Hogan verfügte über ein außergewöhnlich fundiertes Wissen über die physikalischen Gesetze, die auf den Schwung einwirken. Die Schwunggeschwindigkeit, die er erreichte, war phänomenal – nichts könnte dies besser verdeutlichen als das Foto seines vollen Schwunges auf der Folgeseite. Seine Ansicht, dass sich die

Hogans Schwung: Geschwindigkeit, Kraft, Balance und Athletik

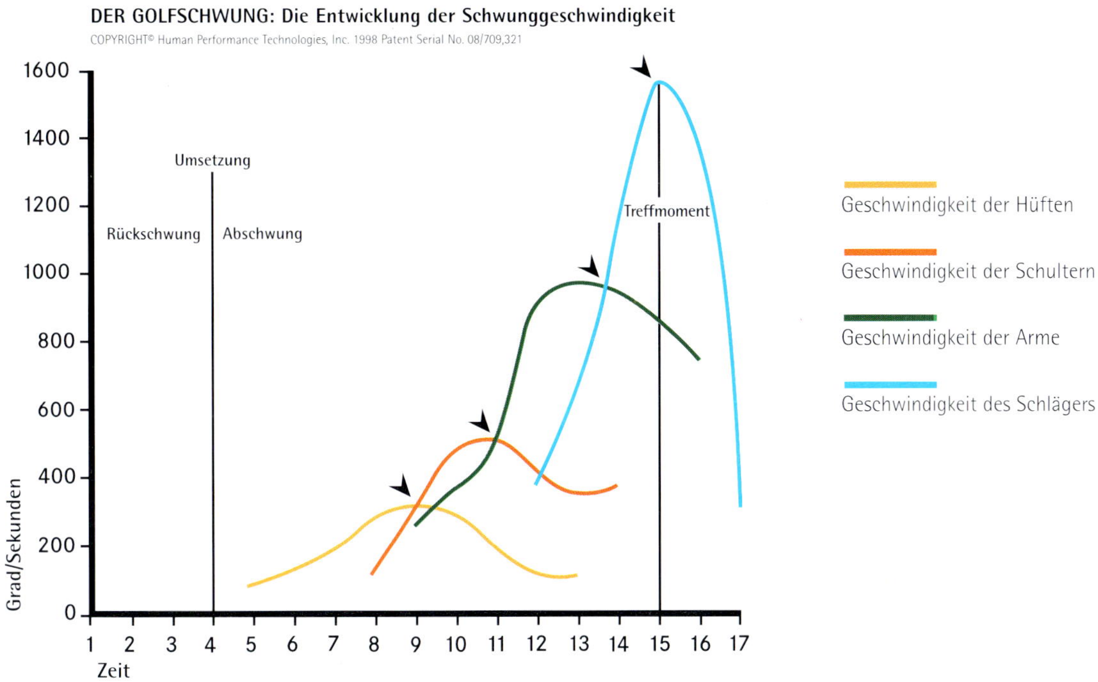

Diese Grafik verdeutlicht, wie die Energie auf die Schwungbewegung übertragen wird.

Kraft des Golfers in einer Kettenreaktion von der Hüfte über die Schultern, die Arme und die Hände auf den Schlägerkopf multipliziert, deckt sich mit den neuesten Erkenntnissen der modernen Sportwissenschaft. Betrachten Sie die oben stehende Grafik, sie verdeutlicht, wie die Energie bei einem effizienten Schwung übertragen wird: Die Hüfte verlangsamt sich vor dem Treffmoment und überträgt die Energie auf die Schultern. Danach agieren die Schultern langsamer und übertragen die Energie auf Arme und Hände. Unmittelbar vor dem Treffmoment verlangsamen sich Arme und Hände, womit die Energie über das wichtigste Schwungelement, den Schlägerkopf, auf den Ball übertragen wird. Diese effiziente Kettenreaktion kann mit dem bloßen Auge nicht wahrgenommen werden, hierfür bedarf es einer digitalen Computeranalyse. Der Grafik können Sie auch entnehmen, wie die Energie am höchsten Ausschlag auf die nächste Komponente übertragen wird. Eine gute Technik hat zum Ziel, einen effizienten Schwung aufzubauen, der sich durch optimalen Energietransfer und somit maximale Kraft im Treffmoment auszeichnet. In meinem Unterricht bediene ich mich seit kurzem nicht nur der Videotechnik, sondern auch der biomechanischen Analyse, um die Schwungeffizienz meiner Schüler zu optimieren. Erste Verbesserungen in Bezug auf Kraft und Beständigkeit lassen sich bereits feststellen. Nicht nur deshalb bin ich überzeugt, dass diese Art der Analyse bald fester Bestandteil einer Golfstunde sein wird. Das System mag auf den ersten Blick kompliziert erscheinen (oder klingen), es vereinfacht aber das Lernen. Geht es doch darum, einen effizienten Bewegungsablauf zu entwickeln, anstatt sich über die verschiedenen statischen Einzelpositionen eines Schwungs den Kopf zu zerbrechen. Hogan ist die personifizierte Effizienz eines Golfschwungs, wobei ich den Ausdruck „Bewegung in richtiger sequenzieller Reihenfolge“ für seinen Schwung besonders mag. Mit anderen Worten: Er wies ein hervorragendes Timing aller Komponenten auf, die das unbeschreibliche Gefühl eines solide getroffenen Balles nach sich zogen.

Diese Übung hilft Ihnen, den richtigen Übergang vom Rück- in den Abschwung zu verinnerlichen.

Für Spieler mit einstelligem Handicap – und besser
Es war mir seit jeher bewusst, dass man sich beim Aufbau einer soliden Schwungbewegung ein klares Bild über die diversen Komponenten und deren Zusammenspiel machen sollte. Nach einer guten Ansprechposition (Griff- und Körperhaltung) verbleiben zwei weitere Komponenten: der Körper sowie Arme und Hände. Trainiert man jede dieser beiden Komponenten für sich, bevor man sie zusammenführt, erleichtert dies das Verständnis für die Bewegung in ihrer Gesamtheit.

Der Abschwung beginnt mit einer Bewegung des Unterkörpers. Sie wissen bereits, dass sich Hogan in dieser Schwungphase auf die Hüftdrehung konzentrierte. Ich kann es gar nicht oft genug erwähnen: Damit die Kettenreaktion in der richtigen Reihenfolge ablaufen kann, ist es unbedingt erforderlich, dass der Unterkörper den Abschwung einleitet.

Betrachten wir uns in diesem Zusammenhang noch einmal die Übung mit den vor der Brust gekreuzten Armen aus dem vorangegangenen Kapitel. Überprüfen Sie Ihre Körperhaltung, führen Sie eine volle Drehung aus, und konzentrieren Sie sich dabei darauf, wie Ihr Unterkörper stabil bleibt und der Schwungbewegung Widerstand entgegensetzt. Spüren Sie, wie sich Ihre Bauchmuskulatur anspannt? Nach Abschluss des Rückschwungs wird der Richtungswechsel eingeleitet, indem das linke Knie eine kleine Bewegung in Richtung Ziel macht. Dabei verlagert sich etwas Gewicht vom linken Fuß auf die linken Zehen, gleichzeitig ist der linke Fuß fest mit dem Boden verankert. In dieser Phase sollten Sie spüren, dass auch vom rechten Fuß Druck in den Boden ausgeht. „Geerdet sein" nenne ich dieses Gefühl, wodurch sich erstens das Gleichgewicht und zweitens die Schwungstabilität erhöht. Dies wiederum erlaubt Ihnen, den Widerstand gegen die Schwungbewegung zu erhöhen. In dieser Schwungphase ist das Gewicht übrigens gleichmäßig auf beide Füße verteilt.

Viele Spieler begehen den Fehler, dass sie – ohne Abwärtsdruck – zu früh versuchen, zu viel Gewicht auf die linke Seite zu verlagern. Beine – und Boden – können dann nicht den nötigen Widerstand leisten, um während des Abschwungs Geschwindigkeit zu erzeugen. Mit anderen Worten: Es findet ein ineffizienter Energietransfer statt. Vor dem Treffmoment müssen dann Ausgleichsbewegungen erfolgen, die bekannteste besteht darin, sich mit dem Oberkörper nach hinten zu lehnen. Dies ist insbesondere bei Jugendlichen zu beobachten, deren Hüfte und Beine zumeist schon stärker entwickelt sind als der restliche Körper. Ist dieser übertriebene Beineinsatz erst einmal antrainiert, kann er den Golfer das ganze Leben lang verfolgen. Es ist daher wichtig, sich von Anbeginn einer korrekten Unterkörperbewegung zu widmen, um ein Maximum an Kraft, Gleichgewicht und Stabilität zu erzeugen.

Das Gefühl zu entwickeln, dass sich während der Abschwung-Drehung einzig das linke Knie dem Ziel nähert, ist entscheidend für einen dynamischen Schwung. Beim kraftvollen Richtungswechsel des Schlägers biegt sich der Schaft etwas, wodurch er mit Energie geladen wird. Der Wechsel vom Rück- in den Abschwung war bei Hogans Schwung besonders ausgeprägt.

Ganzheitlich betrachtet, besteht der Golfschwung nicht aus einem Rück- und einem Abschwung. Golflehrer bedienen sich dieser Bezeichnungen, um den Schwung in seinen verschiedenen Sequenzen analysieren und erklären zu können. Eigentlich ist der Schwung aber eine fortlaufende Bewegung, bei der sich in der Phase des Richtungswechsels der Oberkörper noch vom Ziel wegdreht, während der Unterkörper schon wieder zum Ziel hindreht. Dabei wird eine gewaltige Hebelwirkung auf den Schwung ausgeübt. Trainieren Sie den Richtungswechsel mit der „Gekreuzte-Arme-vor-der-Brust"-Übung, drehen – und spannen – Sie Ihre Muskulatur im Rückschwung, und leiten Sie dann den Richtungswechsel mit einem leichten Ruck nach vorne ein. Halten Sie einige Sekunden in der dynamischen Übergangsphase inne, ehe Sie die Übung einige Male wiederholen. Verinnerlichen Sie dabei das Schwunggefühl. Während des Übergangs vom Rück- in den Abschwung dürfen Sie Ihren Körper etwas lateral bewegen. Geben Sie sich dabei dem Gefühl hin, wie sich Ihr linkes Knie und Ihre Hüfte dem Ziel nähern.

Während die Hände nach oben schwingen, dreht die Hüfte in Zielrichtung – das Ergebnis ist ein dynamischer Schlag.

Kommen wir nun zur Gewichtsverlagerung, die während der lateralen Bewegung von der rechten auf die linke Seite erfolgt. Diese Gewichtsverlagerung verlangt nach Feingefühl, denn im Falle einer Übertreibung werden die Beine zu stark „schieben" und somit die Schwungstabilität verringern.

Geben Sie sich dem befriedigenden Gefühl hin, „geerdet" zu sein. Spüren Sie den Druck, der durch die Füße in den Boden verläuft. Die etwas „sitzende" Körperhaltung, durch die auch das linke Bein angespannt wird, sorgt für Widerstand

Nach dem Übergang vom Rück- in den Abschwung dreht der Oberkörper schnell in die Endhaltung.

und Gleichgewicht, wodurch sich die Hebelwirkung vergrößert, die auf den Schwung einwirkt. Konzentrieren Sie sich auf all diese Elemente.

Eine zugegeben poetische, aber treffende Beobachtung von Hogan lautet, er „fühle sich wunderbar mit dem Boden verbunden". Welch beeindruckende Vorstellung! Hogan spürte, dass der solide Kontakt mit der Grasnarbe unersetzbar ist. Deshalb ließ er an seinem rechten Schuh einen zusätzlichen Spike anbringen – gleich unterhalb des Fußballens. Später zog er mit dem linken Schuh nach, in den er gar zwei zusätzliche Spikes eindrehen ließ. Ben Hogan ließ kein Detail außer Acht, das ihm gegebenenfalls zu einem besseren Spiel verhelfen konnte. Er wollte fest mit dem Boden verbunden, ja, geradezu verankert sein. Mit welchem Hang zur Perfektion Hogan dabei zu Werke ging, verdeutlicht seine Lösung mit den zusätzlich montierten Spikes.

Während des Richtungswechsels sollten Sie auch Ihre angespannte Bauchmuskulatur spüren, die während der „Gekreuzte-Arme-vor-der-Brust"-Übung schon am höchsten Punkt des Rückschwungs erkennbar war. Nachdem Sie dank der lateralen Bewegung fest mit dem Boden verbunden sind, können Sie nun die Bewegung Ihres Unterkörpers einleiten. Die Hüfte dreht nun bis zur Endhaltung. Ich benutze hier zwar das Wort „drehen", „zum Ziel hin öffnen" wäre aber eine ebenso treffende Beschreibung. Wichtig ist, dass Sie fortan konsequent beschleunigen, um schließlich die größtmögliche Kraft in den Treffmoment einzubringen. Winkeln Sie Ihr rechtes Knie etwas ab, damit Sie in der Endhaltung das Gleichgewicht mit den rechten Zehen unterstützen können. Gleichzeitig berühren sich das linke und das rechte Knie, die rechte Schulter zeigt zum Ziel. Achten Sie darauf, im Treffmoment stets gut „geerdet" zu sein. Versuchen Sie, den rechten Fuß so lange wie nur möglich am Boden zu halten, bis er sich, der Kör-

Hogan hielt den rechten Fuß so lange wie möglich am Boden.

perdrehung folgend, löst. Hogan war hierzu wie kein anderer in der Lage – insbesondere bei Schlägen mit mittleren und kurzen Eisen. Je länger Sie den rechten Fuß am Boden halten, desto größer ist die Wahrscheinlichkeit, dass die Neigung Ihres Rückgrats unverändert bleibt. Golfer mit einem zu aktiven Beineinsatz verändern die Rückgratneigung!

Wer es schafft, die Neigung des Rückgrats von der Ansprechposition bis zur Treffmoment-Phase beizubehalten, hat einen großen Schritt in Richtung Beständigkeit vollbracht – insbesondere bei Eisenschlägen. Ich wiederhole mich gerne: Um den Schläger beständig im richtigen Winkel zum Ball zu schwingen, muss die Neigung des Rückgrats durch den Schwung beibehalten werden.

Wichtig ist auch das bewusste Empfinden der angespannten Bauchmuskulatur. In vielen asiatischen Kampfsportarten wird gelehrt, dass Kraft und Geschwindigkeit aus dem Kern bzw. Zentrum des Körpers kommen, zum Beispiel aus dem Bereich um den Bauchnabel. Verständlich machen kann man dies am Bild eines nassen Hand-

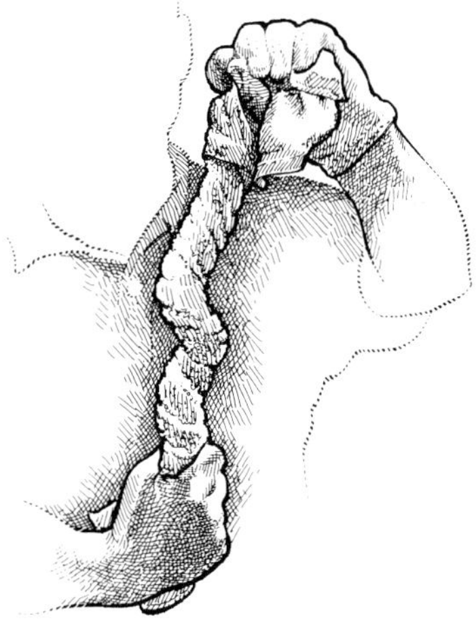

Das Auswringen eines nassen Handtuchs stärkt die Bauchmuskulatur für den Schwung.

Vollständige Schulterdrehung bei kurzem Armschwung

tuches, das so lange ausgewrungen wird, bis seine Mitte trocken ist. Ähnlich verhält es sich bei der Körperbewegung: Die Bauchmuskulatur spannt sich, während die Muskelgruppen ober- und unterhalb des Bauchnabels aktiviert werden. Wiederholen Sie die Übung mit den vor der Brust über Kreuz gehaltenen Armen regelmäßig, um ein instinktives Gefühl für Rückschwung, Richtungswechsel, Abschwung, Treffmoment und Endhaltung aufzubauen.

Wenn man sich gleichzeitig in zwei Richtungen bewegt, verkürzt sich dadurch der Schwung. Während der Einleitung der Vorwärtsbewegung können die Arme nicht weiter nach hinten schwingen. Die Verkürzung des Armschwungs vereinfacht und synchronisiert den Schwung. Dies ist positiv, solange dabei die Drehung nicht verkürzt wird. Je kürzer der Armschwung, desto einfacher können die Arme im Abschwung in die korrekte Position gebracht werden. *Die ideale Kombination ist dabei eine volle Schulterdrehung, begleitet von einem kurzen Armschwung und dem vollen Abwinkeln der Handgelenke.* Die verkürzte Schwungversion verbessert nicht nur Präzision und Kontrolle, sondern erhöht auch die Schwungkraft. In Verbindung mit einem dynamischen Richtungswechsel ermöglicht sie ein stärkeres Abwinkeln der Handgelenke, während der Schläger nach unten zum Ball hin beschleunigt wird. Diese Verstärkung der Radialflexion erhöht die Hebelwirkung im Schwung und somit auch die Schlägerkopf-Geschwindigkeit im Treffmoment. Tiger Woods ist das Paradebeispiel eines Spielers, der aus einem kompakten Schwung heraus explosive Kraft entfaltet: Niemand schlägt den Ball härter als der Amerikaner.

Kommen wir nun zu einer weiteren Komponente des Armschwungs: Die Bewegung der Arme und Hände. Wichtig dabei: die Bewegung des rechten Arms während des Abschwungs. Zu Beginn des Abschwungs fällt der rechte Ellbogen zur rechten Hüfte, die Hände nähern sich indes nicht der Brust. Hilfreich ist hier der Gedanke an einen Bogenschützen, der den Pfeil in den Bogen spannt: Auch er vermeidet überflüssige Bewegungen. Wie dem Golfer geht es auch für ihn da-

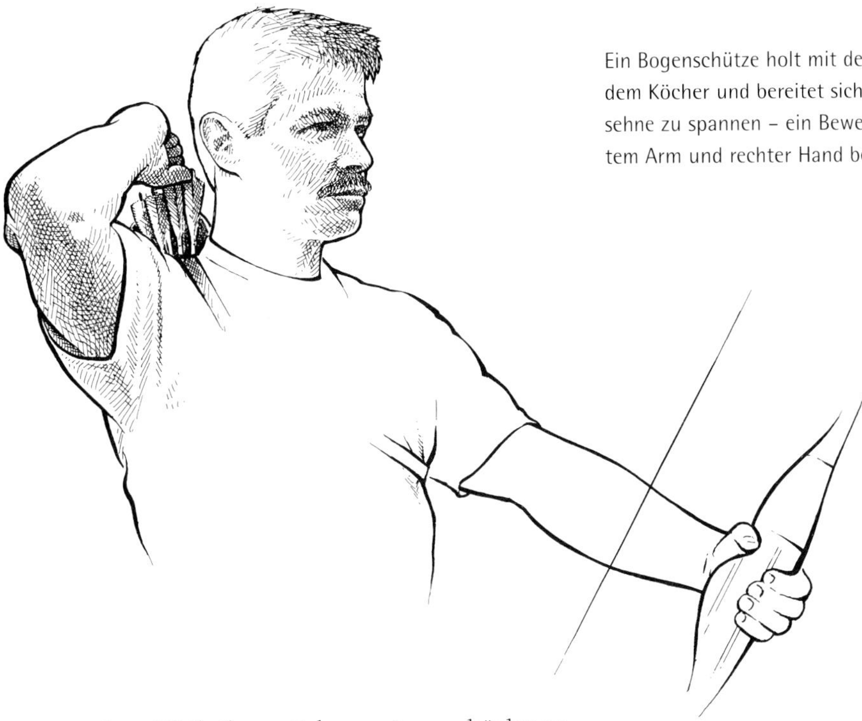

Ein Bogenschütze holt mit dem rechten Arm einen Pfeil aus dem Köcher und bereitet sich darauf vor, ihn auf die Bogensehne zu spannen – ein Bewegungsablauf, der dem von rechtem Arm und rechter Hand beim Abschwung ähnelt.

rum, den Pfeil (bzw. Schwung) am höchsten Spannungspunkt loszulassen.

Auch Hogans Schwunggedanke einer Wurfbewegung wird Ihnen helfen, die Bewegung des rechten Arms besser zu begreifen. Wie bei einem Wurf führt der rechte Ellbogen den Arm in eine gewinkelte Haltung, wodurch im Falle des Golfschwungs sichergestellt wird, dass der Schlägerkopf hinter den Händen bleibt. Womit wir wieder auf die Schwungebene stoßen, die bei guten Golfern von innen und auf einer relativ flachen Ebene zum Ball verläuft. Spieler mit höherem Handicap indes heben in dieser Schwungphase den rechten Ellbogen zu weit an. Das Ergebnis ist ein steiler Eintreffwinkel, ein frühzeitiges Freigeben des Schlägers sowie eine von außen nach innen verlaufende Schwungrichtung. **Um ein gutes Gefühl für diese Schwungphase zu entwickeln, sollten Sie im Abschwung dort anhalten, wo der rechte Ellbogen zur rechten Hüfte zeigt. Halten Sie diese Position einige Sekunden lang, so wie auf der nebenstehenden Illustration demonstriert. Danach schwingen Sie konsequent weiter in die End-**

Übung: Verharren Sie für einige Sekunden in dieser Abschwung-Position, ehe Sie in den Durchschwung schwingen.

Die Bewegung des rechten Arms im Abschwung ist mit einer Wurfbewegung vergleichbar.

haltung hinein. Es gilt, ein Muskelgedächtnis zu entwickeln, denn wenn diese Position im Abschwung stimmt, wird auch die nächste Schwungphase passen. Sie sind nun in einer starken Position, aus der heraus Sie „alle drei rechten Hände" einsetzen können – ganz so, wie sich Hogan dies gewünscht hat.

Um das richtige Gefühl für Arme und Hände zu entwickeln, empfiehlt Hogan folgende Übung: Werfen Sie einen Basketball, Fußball oder – was am besten wäre – einen leichten Medizinball gegen eine Wand (oder zu einem Partner). Werfen Sie den Ball dabei im gleichen Winkel, in dem Sie auch einen Golfschläger schwingen würden. Dabei werden Sie die gleiche Bewegung durchlaufen, wie wenn Sie einen Golfball schlagen würden. Die Ausholbewegung wird allerdings sehr kurz ausfallen, weil Sie ja mit einem großen Ball hantieren. Spürbar muss dabei die in zwei Richtungen verlaufende Bewegung werden: zunächst der Effekt der „Erdung", dann das Anspannen der Bauchmuskulatur. Während Sie den Ball kraftvoll zum Ziel werfen, sollten Sie spüren, wie Ihr Körper zum Ziel dreht und die Arme und Hände gleichzeitig wuchtig nach vorne beschleunigen. Dadurch winkelt der linke Arm im Durchschwung ab, genau so, wie dies auch während des Golfschwungs geschehen sollte. Sie müssen das Gefühl bekommen, im Treffmoment von Armen und Händen überholt zu werden. Hierfür haben viele Spieler folgenden Schwunggedanken entwickelt: Arme, Hände und Schläger ziehen den Körper in die Endhaltung. Eine exzellente Vorstellung für Golfer aller Spielklassen mit zu viel Körpereinsatz im Abschwung. Die Übung mit dem Medizinball verhilft nicht nur zu einer dynamischen Bewegung, sondern kräftigt auch die golfspezifischen Muskeln.

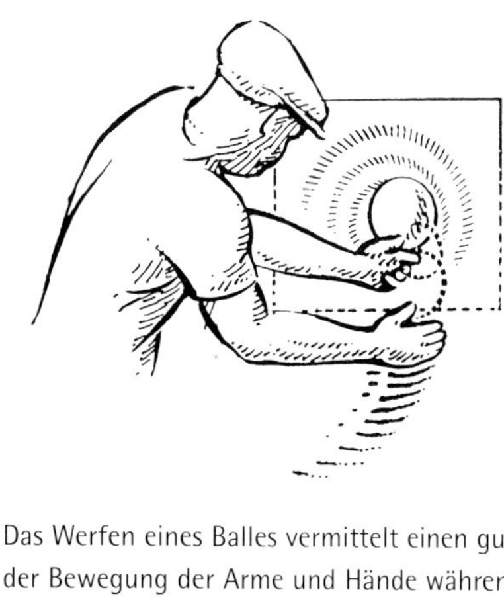

Das Werfen eines Balles vermittelt einen guten Eindruck von der Bewegung der Arme und Hände während des Schwungs.

Nehmen wir uns kurz Zeit, um nochmals auf die Supinations-Theorie zurückzukommen. Für die Phase des Treffmoments betrachtet Hogan sie als wichtiges Schwungelement. Zur Erinnerung: Die linke Handfläche zeigt am höchsten Punkt des Rückschwungs zum Boden, im Treffmoment jedoch eher zum Himmel. Man kann es sich auch wie folgt merken: Das Zifferblatt der Uhr ist zunächst zum Himmel und dann zum Boden gerichtet. Ich bin in diesem Kapitel bereits ausführlich auf die Supination eingegangen, weil sie auch in Hogans Schwungtheorie einen breiten Raum einnahm. Tatsache ist, dass Hogans Schwung ohne Supination nur schwer vorstellbar ist. Sie birgt aber eine große Gefahr: Während die linke Hand nach unten dreht, kann sich die Schlagfläche blitzschnell schließen. Global gesehen, stimme ich mit Hogans Supinations-Theorie überein, allerdings nur unter der Voraussetzung, dass der entsprechende Spieler über einen sehr neutralen Griff verfügt und die Supination nicht übertreibt. Vorteilhaft kann sich die Supination bei Schlägen im Wind auswirken, weil die Bälle dann mit einer niedrigen Flugkurve fliegen. Die Supination kann aber auch, wie bereits mehrfach erwähnt, zu Problemen führen.

Eigentlich ist die Supination eher eine Bewegung für den besseren Spieler. Aber im Einzelfall ist sie auch für den weniger versierten Spieler empfehlenswert, dann nämlich, wenn dieser seine Eisenschläge eher fett bzw. dünn trifft und den Ball mit einer „löffelnden" Bewegung der Hände schlägt. Bei diesen Spielern sind die Hände im Treffmoment hinter dem Ball, wodurch er kraftlos geschlagen wird. Die Supination bewirkt, dass sich die Schlagfläche durch den Treffmoment hindurch schließt und der Ball kraftvoller getroffen wird. Spieler mit Tendenz zum Slice können dank der Supination Draws schlagen. Ich vermeide es allerdings, mit Spielern höherer Handicaps zu viel über Technik zu sprechen, sondern beschränke mich darauf, sie im Treffmoment das Uhren-Zifferblatt zum Boden zeigen zu lassen. Hierfür müssen der linke Unterarm und das linke Handgelenk gegen den Uhrzeigersinn drehen, wodurch die Schlagfläche geschlossen wird. Üben Sie lockere, halbe Schwünge, um ein Gefühl für die Supination zu entwickeln. Greifen Sie den Schläger auch mal nur mit der linken Hand, und schwingen Sie dann in beide Richtungen nur bis Hüfthöhe. Achten Sie dabei darauf, dass sich das Zifferblatt Ihrer Uhr vom Himmel zu Beginn des Rückschwungs gen Boden im Treffmoment dreht. Natürlich übertreibe ich etwas – das Zifferblatt wird nicht genau zum Boden zeigen – ich möchte Ihnen nur vermitteln, wie sich die Supination anfühlt. Wenn der Ball nach links fliegt, haben Sie's übertrieben.

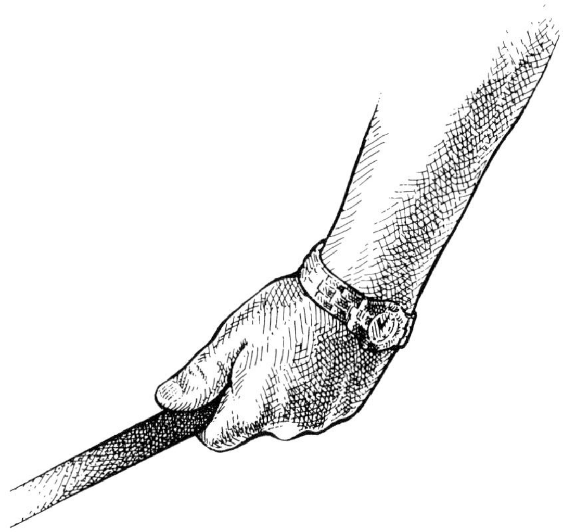

Viele mittelmäßige Golfer würden sich verbessern, wenn sie versuchen würden, das Zifferblatt ihrer Armbanduhr im Treffmoment zum Boden zeigen zu lassen.

Hier noch einige Ratschläge für bessere Spieler, die sich an der Supination versuchen möchten. Meine Erfahrung hat mir gelehrt, dass die aus der Supination entstehenden Probleme oftmals ihre Ursprünge nicht in der linken Hand, sondern in einer zu dominanten rechten Hand haben. Wenn die rechte Hand und der rechte Unterarm im Treffmoment zu stark gegen den Uhrzeigersinn drehen, kann die Schlagfläche gegebenenfalls schon vor dem Treffmoment geschlossen werden. Tiefe Divots und starke Hooks sind dann die Folge. Wie ich in diesem Kapitel schon erwähnte, glaubte Hogan, dass seine Hände niemals überrollten. Um das Prinzip der Supination besser zu verstehen, sollten Sie niedrige Dreiviertel-Wedgeschläge üben. Eine niedrige Flugkurve erzielen Sie auch, wenn Sie den Ball

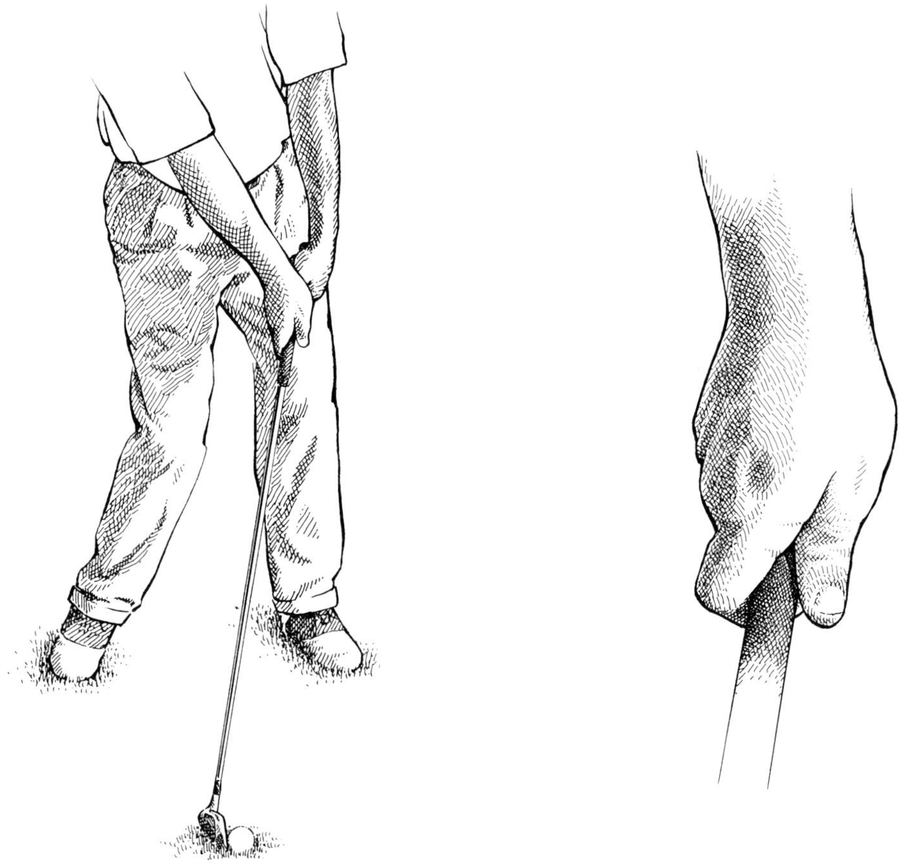

Ein übertriebenes Abrollen der rechten Hand und des rechten Unterarms schließt das Schlägerblatt im Treffmoment und erstickt die korrekte Supination der linken Hand im Keim.

in der Mitte Ihres Standes platzieren. Wenn Sie im Treffmoment die linke Hand gegen den Uhrzeigersinn drehen, sollten Sie auf Ihre rechte Hand achten, insbesondere auf den Zeigefinger (Pistolengriff!). Dieser stabilisiert den Schlägerschaft und verhindert ein frühzeitiges Schließen der Schlagfläche. Im Treffmoment sollte das Gefühl vorherrschen, dass der rechte Daumenballen eher zum Himmel zeigt und dass die rechte Hand unter der linken hindurchschwingt (statt über sie hinwegzudrehen!). Es gilt, die richtige Mischung von Mechanik und Gefühl zu finden. Einige Spieler müssen sich hierbei mehr auf die Supination der linken Hand konzentrieren, für andere steht die rechte Hand, die unter der linken durch den Treffmoment hindurchschwingt, eher im Mittelpunkt der Aufmerksamkeit. Wie bei allen Veränderungen ist erneut das „Probieren-geht-über-Studieren“-Prinzip angesagt, ehe die richtige Rezeptur gefunden wird. Ist dies der Fall, wird die Schlagfläche im Treffmoment leicht geöffnet sein. Die rechte Hand wird sich in einer neutralen Position befinden, außerdem sollte im Treffmoment eine deutlich konkave Beugung zwischen rechtem Handrücken und rechtem Unterarm erkennbar sein, damit die Schlagfläche nicht zu früh geschlossen wird.

Ihre Wedgeschläge müssten nun niedriger fliegen und auf dem Grün schnell stoppen. Eine richtige Supination besteht darin, dass die linke Hand nach unten dreht, während die rechte Hand die Schlagfläche square oder gar leicht geöffnet hält. Dies verlangt nach sehr viel Übung, die sich aber bezahlt machen wird! Denn schon Hogan versprach, dass ein Golfer, der die

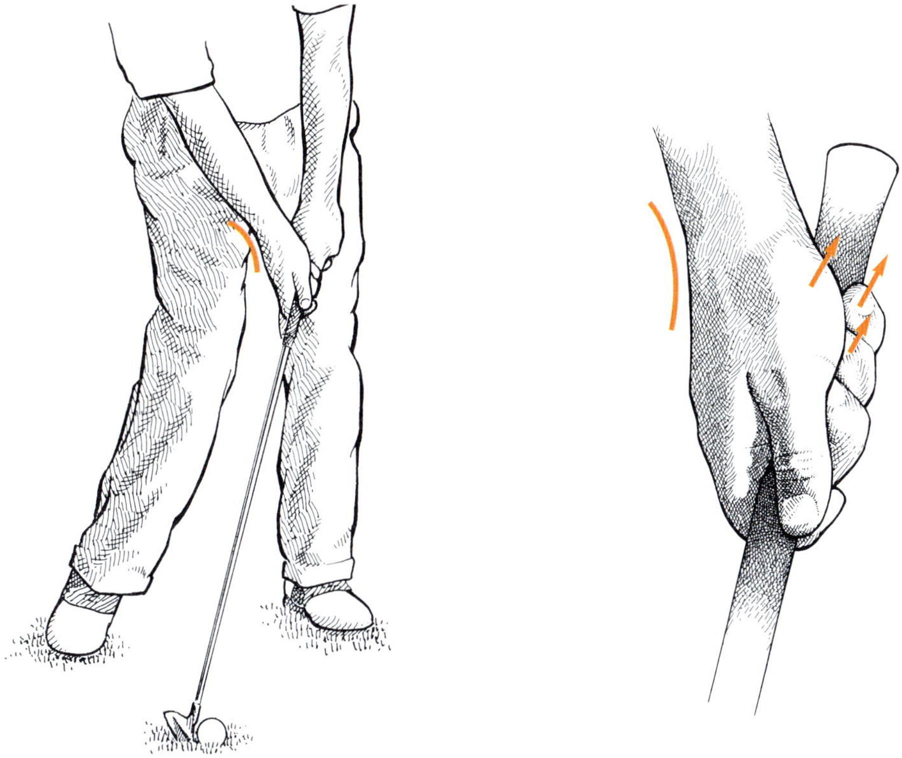

Die Rolle der rechten Hand während der Supination der linken: Der Knöchel des rechten Zeigefingers kontrolliert Schaft und Schlägerblatt, die Fingernägel zeigen zum Himmel, das Handgelenk ist geringfügig abgewinkelt.

Supination beherrscht, den Loft der Schlagfläche reduzieren und die Schlagfläche während des Treffmoments bestens kontrollieren kann. Das Ergebnis werden kraftvoll geschlagene Eisen sowie dünne Divots sein.

Ein letzter Gedanke sollte dem Abschwung gelten. Es steht außer Frage, dass der Treffmoment die wichtigste Schwungphase ist. Doch letztlich handelt es sich dabei nur um das Ergebnis dessen, was vorangegangen ist. Zum Aufbau eines guten Schwungs ist es daher sehr hilfreich, ein genaues Bild über den Abschwung und die Endhaltung vor dem geistigen Auge zu haben.

Hierzu möchte ich Ihnen noch eine Übung ans Herz legen. Stellen Sie sich vor einen Spiegel, und nehmen Sie Ihre Treffmomenthaltung ein. Dabei können Sie sich ruhig von Ben Hogan inspirieren lassen! Dessen Treffmomenthaltung präsentierte sich wie folgt: Hände vor dem Schlägerkopf, gerader linker Arm eng an der Brust, leicht angewinkelter rechter Arm, äußere Seite des linken Ellbogens zum Ziel zeigend, Kopf hinter dem Ball, rechte Schulter unterhalb der linken, rechtes Knie und rechter Fuß leicht nach innen, sprich zum Ziel, geneigt, während das linke Bein die Gewichtsverlagerung unterstützt.

Halten Sie in dieser Treffmomenthaltung inne, und wiederholen Sie die Übung einige Male. Sobald Sie das Gefühl für diese Position verinnerlicht haben, setzen Sie die Übung auf der Driving-Range fort. Stellen Sie sich dort vor einen Ball und bringen Sie sich in die zuvor eingeübte Treffmoment-Position. Beziehen Sie die Haltung so dynamisch wie möglich, und halten Sie die Stellung für einige Sekunden. Falls

Hogans Treffmoment-Position

nötig, können Sie den Schläger dabei auf dem Boden aufsetzen. Aus dieser Stellung heraus schwingen Sie nun zum höchsten Punkt des Rückschwungs zurück und dann, durch den Ball, in die Endhaltung. Es mag einige Versuche dauern, ehe Sie das richtige Timing gefunden haben, doch schlussendlich sollten Sie den Ball sauber treffen. Sobald dies gelungen ist, beziehen Sie wieder Ihre normale Ansprechposition und schwingen den Schläger in gewohnter Weise. Versuchen Sie dabei, im Treffmoment das gleiche Gefühl wie zuvor wahrzunehmen.

Was die Endhaltung betrifft, so können Sie nichts falsch machen, solange Sie sich an Hogans „Finish" halten: Das linke Bein stützt das Körpergewicht ab, der rechte Fuß steht auf den Zehenspitzen, die Hüfte ist ganz zum Ziel gedreht, die rechte Schulter zeigt zum Ziel, die Hände sind links vom Oberkörper und das Gesicht ist zum Ziel gedreht. Schenken Sie Hogans entspannter Oberkörperhaltung Beachtung: Er steht aufrecht, übt keinen Druck auf den Lendenbereich aus und vermittelt den Eindruck, nach dem Schlag endlos in der Endhaltung verweilen zu können. Wir haben es hier mit der typischen ausbalancierten Endhaltung eines klassischen Golfschwungs zu tun.

KEITH WITMER

5

ZUSAMMEN-FASSUNG

Ben Hogan hatte seine ureigene Golfphilosophie: Er gliederte neue, von ihm erarbeitete Schwung-Grundlagen in seine Bewegung ein. Es gab jahrelange Überlegungen, Untersuchungen und Experimente, ehe Hogans Schwung seine heute bekannte Gestalt annahm: Ein kraftvoller Schwung, der es ermöglicht, den Ball kontrolliert, präzise und vor allem beständig zu schlagen. Unter Einbeziehung all seiner persönlichen Erkenntnisse, also seiner Golfgrundlagen, gelang es Hogan auch, den Schwung zu vereinfachen. Er versuchte nicht, jedes Detail seines Schwungs zu perfektionieren. Erst als er sich sicher war, was sich für ihn am meisten auszahlte, erreichte sein Spiel eine neue Dimension. 1946 schrieb er: „Ich beginne zu spüren, dass ich beständig gut spielen könnte. Es gibt keinen Grund mehr,

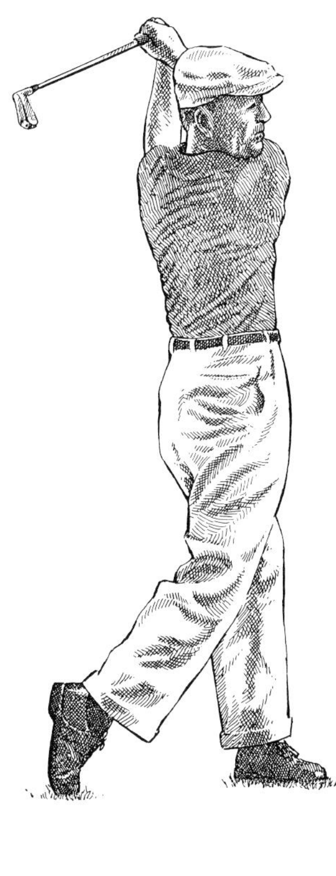

einen Einbruch zu befürchten. Ich denke, mein neues Selbstvertrauen verdanke ich der Erkenntnis, nicht mehr viele schwierige Dinge gleichzeitig perfekt bewältigen zu wollen. Eine von Ehrgeiz getriebene Übergründlichkeit ist weder möglich noch notwendig oder gar Erfolg versprechend. Es genügt, die fundamentalen Bewegungsabläufe zu verinnerlichen – und von denen gibt es gar nicht so viele verschiedene."

Um die Grundlagen zu verinnerlichen, bedarf es neben viel Engagement und Zeit insbesondere auch eines hohen Maßes an Liebe zum Detail. In diesem Buch habe ich viele Aspekte sehr detailliert beschrieben, möchte aber auf keinen Fall, dass Sie sich fortan durch ein zu analytisches Denken lähmen lassen. Keine Absicht läge mir als Lehrer ferner! Ich betone immer wieder, Schwungdetails nur auf der Driving-Range – oder ohne Ball zu Hause – zu trainieren; sprich ohne den Druck, einen guten Schlag ausführen zu müssen. Training und Spiel sind völlig verschiedene Welten. Sie trainieren, um gewisse Änderungen am Schwung zu verinnerlichen und später auf dem Platz instinktiv handeln zu können. Sie arbeiten an Details, um diese zum natürlichen Bestandteil Ihres Schwungs werden zu lassen. Um meinen Schülern diese Detailarbeit zu erleichtern, muss ich mir zunächst ihr Lernverhalten vergegenwärtigen. Denn von Spieler zu Spieler bestehen oft erhebliche Unterschiede, was ihre Fähigkeit betrifft, mit technischen Details umzugehen. Die einen sind eher analytisch veranlagt, anderen bereitet es Schwierigkeiten, sich mit der Technik zu befassen. Daher muss sich die Trainingsmethode den individuellen Gepflogenheiten der Spieler anpassen.

Verdeutlichen möchte ich dies am Beispiel von Severiano Ballesteros, mit dem ich 1991 zusammenarbeitete. Seve war – und ist – ein Gefühlsspieler wie kein anderer. Als er mich bat, mit ihm zu arbeiten, war mir klar, dass ich Erklärungen bewusst einfach halten müsste. Im Wesentlichen arbeiteten wir an zwei Aspekten: an einer athletischeren Körperhaltung und an einer kompakteren Drehung im Rückschwung, wobei wir uns von Letzterer mehr Beständigkeit versprachen. Wir trainierten ein Jahr lang – erfolgreich, wie ich meine, denn in der Folge hielt er den Ball besser im Spiel und gewann die europäische Jahreswertung. Auch das darauf folgende Jahr begann er erfolgreich. Dennoch kam er kurze Zeit später zu mir, bedankte sich für die Zusammenarbeit, erklärte aber gleichzeitig, dass ihm meine Erörterungen zu technisch seien und er fortan wieder gefühlsbetonter spielen wolle. Rückblickend betrachtet war dies aus seiner Sicht wohl die beste Lösung. Jeder Spieler muss selbst wissen und entscheiden, welchen Weg er gehen möchte. Ich erwähne dieses Beispiel, weil es verdeutlicht, wie sehr sich die Auffassungen über das Lehren und Lernen unterscheiden können.

Ein Golfer, der seine Technik verändern möchte, muss mechanische Abläufe mit Gefühl verbinden – und ein hohes Maß an Geduld mitbringen. Entscheidend ist, niemals an mehr als einem oder zwei Aspekten gleichzeitig zu trainieren. „Mehr" ist im Golf nicht gleichbedeutend mit „Besser". Nehmen Sie einen oder zwei Gedanken mit auf die Driving-Range – und konzentrieren Sie sich dort nur darauf. Erst wenn Sie das Gefühl haben, eine Korrektur verinnerlicht zu haben, können Sie die nächste in Angriff nehmen. Vergessen Sie nie, dass der Schwung einen Ablauf darstellt und es daher wichtig ist, die Grundlagen zu trainieren, angefangen beim Griff, gefolgt von den verschiedenen Teilabläufen des Schwungs. Hogan trainierte stets mit einem genauem Ziel vor Augen. Dies sollte vorbildhaft für jeden Golfer sein.

Für mich, der tagtäglich Neues hinzulernt, ist das Spannende am Studium des Hogan'schen Schwungs, dass die Erforschung des Golfschwungs eine lebenslange Aufgabe darstellen kann. Hogans Buch ist voller Einblicke, lässt aber dennoch Spielraum für individuelle Auslegungen. Daher möchte ich nachfolgend noch einige weitere Gedanken über den Schwung darlegen.

Tempo

Hogan erzählte einst einem seiner größten Bewunderer, Gary Player, dass ein von den Grundlagen her solider Schwung ganz automatisch ein

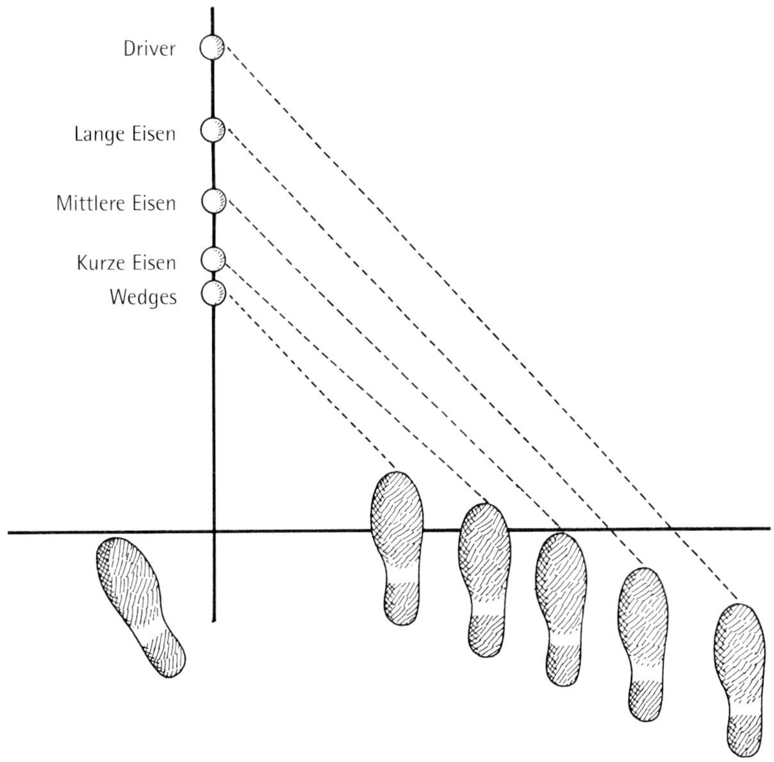

Hogans Theorie zur Ballansprache: Der Ball liegt immer gleich, während die Standbreite variiert – engerer Stand bei kürzeren, breiterer Stand bei längeren Schlägern.

gutes Tempo zur Folge haben würde. Hierzu ist zu sagen, dass jemand, der zeit seines Lebens so viele Bälle wie Ben Hogan geschlagen hat, natürlich immer gewahr war, wenn sich sein Tempo veränderte. Ich rate Spielern zu Probeschwüngen mit geschlossenen Augen. Dies hindert sie daran, zu mechanisch zu denken. Stattdessen werden sie ein deutlicheres Gefühl für Ihr Schwungtempo entwickeln.

Ballposition

Egal, welchen Schläger er benutzte, Ben Hogan platzierte den Ball immer ein bis zwei Zentimeter innerhalb seiner linken Ferse. Seiner Meinung nach war der Schwung bei jedem Schläger gleich, ergo sah er auch keinen Grund, die Ballposition zu variieren. Was er jedoch veränderte, war die Standbreite: Bei kürzeren Eisen (6 bis Wedge) wurde der Stand von Schläger zu Schläger enger und offener. Hierfür stellte er seinen rechten Fuß näher zum linken und näher zur Ballziellinie – eine Position, die den Schwung verkürzt, weil sie die Körperdrehung einschränkt. Selbst wenn Sie glauben, noch einen vollen Schwung auszuführen, tun Sie dies bei diesem Stand schon nicht mehr! Die Verengung der Standbreite erlaubt dem Spieler, während des Abschwungs die linke Hüfte leichter aus dem Weg zu drehen, weil sie von vornherein schon etwas zum Ziel ausgerichtet ist. Der Stand mag Sie etwas an Schlagweite kosten, vorteilhaft wird er sich aber in jedem Falle auf die Präzision Ihrer Schläge auswirken. Und schließlich – worum geht es bei kurzen Eisenschlägern? Um Länge? Oder um Präzision? Bei längeren Schlägern rät Hogan zu einem breiteren Stand, der mehr Stabilität und Gleichgewicht verspricht. Hierfür wird der rechte Fuß in eine leicht geschlossene Ausrichtung zurückgezogen. Obwohl Hogan die Meinung vertrat, dass der Schwung an sich bei

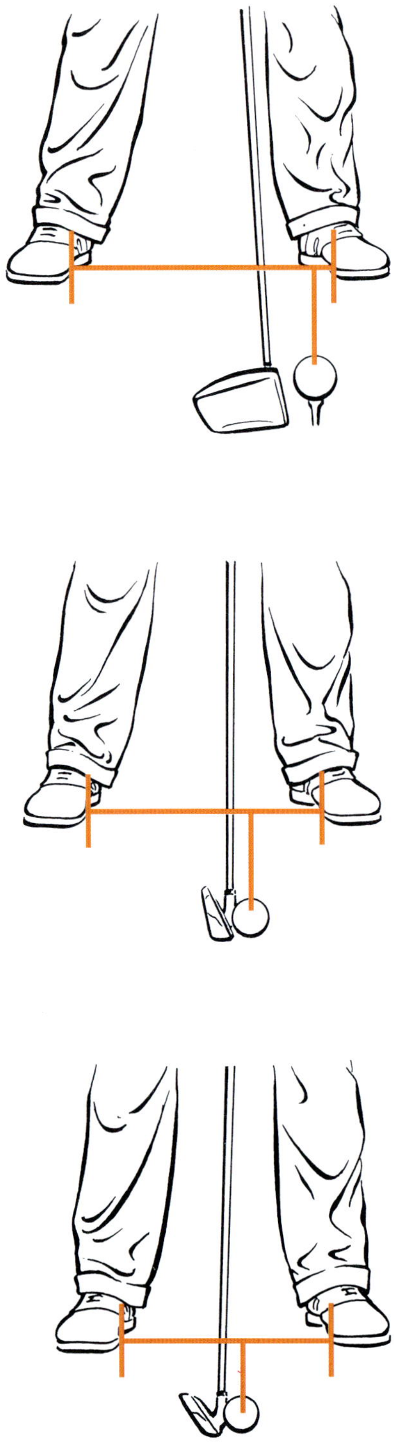

Noch eine Variante der Ballposition: Beim Driver liegt der Ball weitaus näher am linken Fuß als bei kürzeren Eisen.

jedem Schläger unverändert bleibt, so hat auch er – unbewusst – kleinere Veränderungen vorgenommen. Je länger der Schläger und entsprechend flacher der Lie-Winkel, desto weiter steht der Spieler vom Ball weg, was ganz von selbst eine flachere Schwungebene nach sich zieht. Das Gegenteil trifft auf die kürzeren Eisen zu, die – bedingt durch die geringere Entfernung zum Ball – in einer etwas steileren Ebene geschwungen werden. Der Schwung bei einem Wedge verläuft somit steiler als der bei einem Eisen 3.

Ich möchte betonen, dass diese Veränderungen ganz natürlich erfolgen sollten – ohne großartig daran zu denken. Trotzdem sollten Sie mit Ihrer Ballposition etwas experimentieren, ich schlage folgende Varianten vor: 1. Beim Driver liegt der Ball weit vorne im Stand, gegenüber der Innenseite der linken Ferse. 2. Bei mittleren und kurzen Eisen liegt der Ball mehr in der Standmitte. 3. Bei Fairway-Hölzern und langen Eisen liegt der Ball inmitten der beiden bisherigen Positionen. Nehmen Sie darüber hinaus einen breiteren Stand bei den langen Schlägern ein und einen engeren bei den kürzeren. Es handelt sich hierbei um die einfachste Methode für den Wochenendspieler, an die sich übrigens auch die Tourspieler halten. Auch ich plädiere dafür, die Ballposition zu variieren. Auf den ersten Blick mögen Sie denken, dass Hogans Methode (bei allen Schlägen gleiche Ballposition) leichter regelmäßig zu wiederholen ist. Aber Golf ist bekanntlich ein Gefühlsspiel, bei dem jeder lernen muss, verschiedene Situationen zu bewältigen: Wind und andere Naturelemente sowie unterschiedliche Schläge (hoch, niedrig, Draw, Fade, Dreiviertel-Schwünge etc.) aus verschiedenen Spielbahn-Neigungen und Untergrundbeschaffenheit. Ich bin überzeugt, dass viele Topspieler die Ballposition variieren, weil sie nur zu gut wissen, dass Golf viel mit Gefühl zu tun hat. Der Instinkt spielt bei der Entscheidung für die richtige Ballposition eine gewichtige Rolle. Man kann – und sollte – in diesem diffizilen Bereich nicht mechanisch vorgehen, denn auf dem Platz verändern sich Situation und Ausgangslage bei jedem Schlag. Es gilt, sich bestmöglich diesen Rahmenbedingungen anzupassen.

Ben Hogan war zwar überzeugt, den Ball mit allen Schlägern gleich anzusprechen. Allerdings variierte auch er, wie dieses Bild, auf dem er in der Ansprechposition eines Wedgeschlags zu sehen ist, beweist. Dies bedeutet, dass er nicht nur ein technisch orientierter, sondern auch ein Gefühlsspieler war.

Auf dem Foto, das Hogan beim Wedgeschlag zeigt, lässt sich erkennen, dass auch er den Ball weiter platzierte, als er dies propagierte. Man bezeichnet Hogan zwar als einen „mechanischen Spieler", ich glaube aber, dass auch für ihn das Gefühl eine wichtige Rolle spielte. Bei fast jedem seiner Schläge stimmte die Flugkurve mit dem Verlauf der Spielbahn überein. In meinen Augen veränderte er hierfür - vielleicht unbewusst - jeweils die Ballposition. Ich kann nur empfehlen auszuprobieren, welche Ballposition Ihnen am meisten zusagt. Sie können sich auch an folgende Faustregel halten: Spielen Sie den Ball weiter vorne im Stand, wenn Sie zu Hook oder Push neigen, und nehmen Sie den Ball weiter in die Mitte, wenn Sie Slice- oder Pull-Probleme haben.

Entscheiden Sie sich für eine Variante, und bleiben Sie ihr treu. Wenn ich neue Schüler frage, was sie verbessern möchten, höre ich fast immer als Antwort „mehr Beständigkeit erreichen". Beständigkeit beginnt bei der Ansprechposition, bei der die Ballposition eine wichtige Rolle spielt.

Körperliche Fitness, Rhythmus und Kraft gilt es ebenfalls, ins Spiel einzubeziehen. Hogans

Schwung, ob auf Filmen, auf Standbildern oder Zeichnungen der Nachwelt überliefert, verkörperte all diese Qualitäten. Die Effektivität seines Bewegungsablaufs machte seinen Schwung zu einer Mischung aus Kunst und Wissenschaft!

„Wenn Sie an einem Detail arbeiten, verinnerlichen Sie eigentlich die Grundlagen." Dies gestattete es Hogan, sich auf dem Platz auf seine Strategie konzentrieren zu können. Seine Grundlagen wurden ein Teil seiner selbst, der Ausdruck seiner Persönlichkeit. Es handelte sich bei den Grundlagen um: die korrekte Körperhaltung und den korrekten Stand in der Ansprechposition; das auf den Schlag vorbereitende „Wagglen" des Schlägers; die Einleitung des Rückschwungs mit – in chronologischer Reihenfolge – Händen, Armen und Schultern (was wiederum den Hüfteinsatz nach sich zieht); das Verbleiben in der richtigen Schwungebene; die Einleitung des Abschwungs mit der Hüfte; die Supination des linken Handgelenks im Treffmoment; den Schwung durch den Ball hindurch in eine ausbalancierte Endhaltung. Diesem fügte er noch sein persönliches „Geheimnis" hinzu. Ich hoffe, dass Ihnen dieses Buch hilft, Ihre eigenen Schlüsselgedanken zu entwickeln. Was Sie auf diesem Weg von Ben Hogan lernen können? Dass man sich an einen Schlüsselgedanken halten sollte, sobald man herausgefunden hat, dass er sich effizient auf die Schwungbewegung auswirkt!

Die Betrachtung des Schwungs, die sich Ben Hogan in vielen Jahren harter Arbeit (die er eigenen Angaben zufolge sehr genoss!) angeeignet hat, klingt einfach. Er hatte die Ergebnisse seiner Überlegungen und Experimente auf das notwendige Minimum reduziert, um allen Golfern einen Leitfaden für kontinuierliche Fortschritte an die Hand zu geben. Geschriebene Worte sind oftmals nicht das einfachste Mittel, um Informationen weiterzugeben. Ich wünsche mir, dass Ihnen dieses Buch – in Verbindung mit den Fotos und Illustrationen – einerseits hilft, Hogans Grundlagen besser zu verstehen, und Sie andererseits ermutigt, Alternativen zu seinen Gedanken auszuarbeiten. Ich habe versucht, Hogans Grundlagen klar zu interpretieren, weiß allerdings nur zu gut, dass sich geschriebene Worte leicht fehlinterpretieren lassen. Wenn ich direkt mit Schülern arbeite, habe ich die Möglichkeit, einen Gedanken auf verschiedene Weise zu äußern, bis die Quintessenz verstanden worden ist. Ein Buch ist stets für eine größere Zielgruppe ausgelegt und kann individuelle Umstände nicht berücksichtigen. Daher habe ich auf den zurückliegenden Seiten versucht, verschiedene Ansichten über den Golfschwung zu vermitteln. Vorrangig ging es mir darum, die Schwung- und Grundgedanken der besten Golfer zu erläutern, um auch Sie zu einem besseren Spiel zu führen. Nun, da Sie das ganze Buch gelesen haben, würde ich Ihnen raten, sich die Kapitel eins bis vier nochmals vorzunehmen. Beenden Sie kein Kapitel, bevor Sie nicht den Eindruck haben, die Informationen verstanden zu haben. Auf diese Weise befolgen Sie Hogans Philosophie, wonach sich der Schwung Baustein für Baustein entwickelt. Der Vorteil dieser Methode ist, ein solides Fundament zu schaffen, während Sie gleichzeitig stückchenweise Fortschritte erzielen.

Wie bereits erwähnt, haben wir seit der Veröffentlichung von *Five Lessons* im Jahre 1957 viel über den Golfschwung dazugelernt. So populär sein Werk auch sein mag, es gilt doch festzustellen, dass viele Golfer heute Schwierigkeiten haben, seine Grundlagen in ihr Spiel einfließen zu lassen. Loyale Hogan-Fans, von seinem makellosen Spiel zutiefst beeindruckt, hofften und hoffen, über seine Grundlagen zum perfekten Golfschwung zu gelangen. Hogan wollte jedoch nicht, dass jeder seiner Bewegungsabläufe einfach imitiert werde. Er schrieb sogar, dass – bedingt durch die menschliche Natur – jeder Spieler sein Buch unterschiedlich bewerten würde. Gleichzeitig verwies er jedoch mit Nachdruck darauf, dass alle guten Golfer gewisse Schwunggemeinsamkeiten aufweisen. Zu viele Golfer versuchten bislang, Hogans Schwungbewegung bis ins kleinste Detail nachzuahmen. Sie wollten zu seinem Schwung gelangen, indem sie seinen schwachen Griff kopierten (der bei den meisten Golfern die Schwungkraft reduziert) und indem sie ihre Arme während des Schwungs eng zusammenhielten (wodurch ihre Schwünge verkrampft und unrhythmisch wirkten). Diese Golfer trainierten bis zur Schmerzgrenze, um den Schläger auf der Hogan-typischen Ebene zu schwingen (mit dem Ergebnis, dass vielfach zu schwach geschwungen wurde und viele die Hüfte förmlich aus dem Schwungweg reißen mussten, um den Abschwung einleiten zu können). Was müssen diese Golfer frustriert gewesen sein, nachdem sie Hogans Ratschläge strengstens befolgt hatten, ohne jedoch die eigenen körperlichen Voraussetzungen ins Kalkül zu ziehen! Für mich ist der wichtigste Beitrag, den Hogan für die Golfgeschichte geleistet hat, der, dass er die Initialzündung für eine immerwährende Debatte über den Golfschwung lieferte. Eine Debatte, die bis heute die Gemüter weltumspannend erhitzt.

Five Lessons beinhaltete schwierige Konzepte wie Schwungebene, Pronation und Supination. Viele Hogan-Fans, die nicht über das Talent oder die körperlichen Voraussetzungen ihres großen Meisters verfügten (und vielleicht auch nicht über die Zeit, jeden Tag stundenlang zu trainieren), wurden dadurch rasch entmutigt – erhofft sich doch jeder Golfer stets einen Gedankenansatz oder einen Tipp, der ihn bald zu einem besseren Spieler werden lässt. Doch Hogans Buch war keine Abkürzung auf dem mühsamen Weg zu einem besseren Golfspiel. Es war nur eine Anleitung, um mit harter Arbeit, enormem Einsatz und viel Geduld ein besserer Golfer zu werden.

Five Lessons war aber auch ein Buch, das Optimismus versprühte, weil sein Autor nachdrücklich betonte, dass jeder Golfer – entsprechende Willenskraft vorausgesetzt – zu einem besseren Spiel finden könne. Hierin stimme ich mit Hogan uneingeschränkt überein. Ebenso wie Hogan bin ich felsenfest davon überzeugt, dass es nicht nur einen Weg zu einem besseren Spiel gibt, weil jeder Golfer seine individuellen Voraussetzungen (Körper, mentale Stärke, Alter etc.) berücksichtigen muss. Es ist wenig Erfolg versprechend, sich ganz auf eine einzige Lehrmethode zu verlassen. Richtlinien, die Spielraum für Improvisation und Experimente lassen, versprechen die besseren Antworten – und führen zu anhaltenden, beständigen Verbesserungen.

Unglücklicherweise ließen sich viele Hogan-Fans verwirren. Sie suchten den Fehler bei sich, als es ihnen nicht gelang, Hogans Schwung zu kopieren. Andere nahmen Hogans Ratschläge zu wörtlich – und wurden durch seine *Five Lessons* verunsichert. Wie schrieb Curt Sampson in seiner Hogan-Biografie: „Wie in jedem Fachbuch setzte jede Seite [von *Five Lessons*] voraus, sich intensiv mit ihrem Inhalt auseinander zu setzen. Leser, die zu schnell umblätterten, konnten nicht viel damit anfangen." Und weiter: „Es ist die Mühe nicht wert, jedes kleine Detail wortwörtlich zu befolgen." Es waren aber genau diese Details, die aus *Five Lessons* eine wissenschaftliche Dissertation machten, deren Inhalt für viele zu schwierig war. Dennoch ist Ben Hogan, seines Zeichens ein Meister der Selbstkritik, ein Sachbuch gelungen, das jedem Golfer, der bereit ist, Zeit, Mühe und Geduld zu investieren, als idealer Leitfaden dient. Es ist, wie ich immer betone, von großem Vorteil, sich seiner eigenen Tendenzen, sprich Fehlerquellen, gewahr zu sein.

Ich hoffe, dass dieses Buch ein neues Licht auf Hogans Schwungtheorien werfen wird. Es soll Ihnen Hogans Gedankengänge näher bringen und verständlich machen. Wenn dies gelingt, sollten Sie in der Lage sein, jene Vorschläge aufzugreifen, die sich als wirklich hilfreich erweisen. Jetzt sind Sie gefordert! Es gilt, die Informationen zu verarbeiten und – gegebenenfalls – in Ihr Spiel einzubauen. Jeder Golfer kann eine reguläre 18-Löcher-Runde unter 80 Schlägen meistern – auch Sie! Üben Sie mit Vorsatz, und stellen Sie Hartnäckigkeit unter Beweis, damit sich Ihr Schwung im Muskelgedächtnis verankern kann. Erst dann können Sie auf dem Platz Ihre gesamte Aufmerksamkeit der Strategie widmen – und fortan mehr Spaß am Golfen haben.

Wer Hogans Schwung live erleben konnte, dachte spontan: „Das ist es – so muss ein Golfschwung wohl aussehen!" Sam Sneads ausladender, flüssiger Schwung war majestätisch, Hogans war elektrifizierend und im Treffmoment überaus energiegeladen. Ben Hogans Liebe zum Golfspiel und sein Streben nach Perfektion ließen ihn zu einer der herausragendsten Spielerpersönlichkeiten – und Analytiker – der Golfgeschichte werden. Selbst in den letzten Jahren seines Lebens, als er vor Schmerzen in den Beinen kaum noch gehen konnte, sah man ihn regelmäßig im Shady Oaks Country Club in Fort Worth (Texas) Bälle schlagen – mit der gleichen Konzentration und Hingabe wie in seiner Jugend. Die Befriedigung, die er nach guten Schlägen verspürte, ließ ihn zeit seines Lebens nicht los, entsprechend endlos sind die Geschichten über seine einzigartig kraftvollen Schläge, die bis heute in allen Clubhäusern dieser Welt erzählt werden. Wie war doch sein Motto: „Jeder Tag, an dem man keine Bälle schlägt, verlängert die Suche nach einem besseren Spiel um einen Tag."

Ben Hogan war ein Einzelgänger, ein Mann, der sich ruhelos und unnachgiebig mit dem Golfschwung auseinander setzte. Wie lässt sich mehr Kraft und Genauigkeit erreichen? Was für Möglichkeiten gibt es, um Beständigkeit und Konstanz zu verbessern? Gibt es einen – vielleicht noch nicht „erfundenen" – Schwung, der alle bisher bekannten übertrifft?

Golfer, die sich für diese Fragen interessierten, und selbst Nichtgolfer, die sich seiner Faszination nicht entziehen konnten, verfolgten aufmerksam den Verlauf seiner Karriere. Ich habe schon erzählt, wie Larry Nelson im Alter von 21 Jahren mit Hilfe von *Five Lessons* das Golfspiel entdeckte. Ebenso erwähnte ich Gardner Dickinson, ein bekannter Mann der sechziger Jahre, der sich Hogans Ansichten zu Eigen machte. Wie sein großes Vorbild trug Dickinson stets eine flache weiße Mütze – und versuchte, Hogan auch in anderen Bereichen nachzueifern, insbesondere, was den Golfschwung betraf. Hogan nahm Dickinson unter seine Fittiche und führte ihn zu einem besseren Schwung, was Gardner den Spitznamen „Mini-Ben" einbrachte. Später erzählte Dickinson dem Kanadier George Knudson – seines Zeichens ebenfalls ein überzeugter Hogan-Anhänger und Nachahmer seines Schwungs – eine interessante Begebenheit: Hogan hätte ihm erzählt, dass bei seinem Schwung nur fünf Elemente fehllaufen könnten, sodass er sich im Training bei der Suche nach dem Fehler stets auf diese fünf Bereiche konzentrierte. Allerdings, so Hogan damals weiter, habe er niemals mehr als zwei Elemente überprüfen müssen, ehe er auf den Fehler stieß. Was nicht weiter überrascht, den Hogan kannte seinen Schwung so gut, dass er jedem Fehler rasch auf die Schliche kam. Hogan hatte seinen Schwung mit solch akribischer Sorgfalt aufgebaut, dass er allen Anforderungen des Turniergolfs gewachsen war.

Knudson gewann acht US-PGA-Turniere und hatte das Glück, innerhalb weniger Wochen elfmal mit Hogan in einem Flight zu spielen. In einem nicht veröffentlichten Manuskript ließ er den kanadischen Journalisten Bob Moir wissen: „Es war außerordentlich schwierig, mit Hogan zu spielen. Ich fühlte mich stets wie ein Zuschauer. Einem Dutzend anderer Spieler soll es ebenso ergangen sein. Viele von ihnen sagen, sie hätten immer das Gefühl, für Hogan den Caddie zu machen. Er spielte so großartig, dass man sich geradezu schämte, gemeinsam mit ihm über die Runde zu gehen. Er war die personifizierte Perfektion. Ich hatte das Gefühl, ich sollte lieber trainieren, um mich zu verbessern, anstatt mit meinen bescheidenen Mitteln gegen ihn anzukämpfen. Er schien in einer anderen Liga zu spielen. In solchen Momenten fragte ich mich, was ich eigentlich auf der Tour zu suchen hätte. Mit wem auch immer ich sonst spielte, ich war stets überzeugt, ihn schlagen zu können. Bei Ben Hogan als Mitspieler war das anders, er war allen anderen überlegen. Wann immer ich Gelegenheit dazu hatte, beobachtete ich seine Schläge. Ich sagte meinem Caddie, welcher Schlag nun wohl folgen würde. Und es kam dann auch jedesmal genau dieser Schlag."

Hogan wird immer eine der herausragenden Persönlichkeiten der Golfgeschichte bleiben. Oft wurde versucht, das „Wie" und „Warum" seiner unermüdlichen Suche nach dem perfekten Schwung zu lüften. Pat Ward-Thomas, einem englischen Journalisten und großen Hogan-Bewunderer, gelang im Oktober 1965 im englischen *Guardian* unter der Überschrift „Hogan liebt das Golfspiel wie kein anderer vor ihm" ein Artikel, der alles Wesentliche über Ben Hogan enthielt –

Hogans Hände spiegelten seinen Trainingseifer wider.

was in Anbetracht der Vielschichtigkeit des Beschriebenen keine leichte schriftstellerische Aufgabenstellung war!

Ward-Thomas schrieb: „Hogan hält sich von dem allgemeinen Rummel um seine Person fern. Er verachtet jegliche Art von Schmeichelei, plumper Vertraulichkeit und Parasitentum. Er lässt seine einzigartige Siegesbilanz für sich sprechen. Er artikuliert sich einzig durch die Weise, wie er Golf spielt. Sein Leben ist das Streben nach Perfektion, alles andere ist für ihn von sekundärer Bedeutung. Niemand vor ihm hat mit dieser Intensität nach der ultimativen Höchstleistung gestrebt."

Die unzähligen Stunden, die Hogan mit Bälleschlagen verbrachte, bereiteten ihm viel Freude. Unersättlich strebte er nach Verbesserung. „Nichts kann mir größere Befriedigung verschaffen, als zu trainieren", sagte er einmal, „denn es gibt kein größeres Vergnügen, als sich zu verbessern. Die gleiche Erfahrung macht jener, der normalerweise 90er-Runden spielt und plötzlich nach 87 Schlägen zurückkehrt, ebenso der Golfer, der sich von 70 auf 69 Schläge verbessert. Diese Befriedigung ist es, die Golf zu einem derart großartigen Spiel macht." Hogan fand für sich eine Methode, dem Druck großer Meisterschaften standhalten zu können. Tausende von Bällen zu schlagen ist wohl nicht jedermanns Sache – nicht nur aus Zeitgründen. Bei Hogan war dies anders. Er schlug Ball um Ball – mit größter Freude. Die Kombination aus Arbeitsauffassung, scharfem Verstand, absoluter Konzentration und der Bereitschaft, stets das Beste zu geben, machten ihn zu einem kompletten Golfer.

Seine Trainingsmethode ist Hogans Überlieferung an alle Golfer. Er ging systematisch zur Sache und schlug die Bälle im 20-Minuten-Takt, mit kurzen Erholungsphasen dazwischen. Er führte niemals einen Schlag aus, ohne voll darauf konzentriert zu sein. Er schlug nicht einfach Bälle – *er trainierte*! Er vertrat die Ansicht, dass jeder Golfer, der nach Verbesserung trachtet, zu Hause täglich 30 Minuten den Teilbereichen Griff, Stand und Schwungebene widmen sollte. Hogan trainierte viel vor dem Spiegel, was ihm erlaubte, die Bilder seines Schwungs zu verinnerlichen. Sein Training beinhaltete viel mehr, als „nur" Bälle zu schlagen. Er schwang oft ohne Ball, um ein gutes Muskelgedächtnis aufzubauen. Oft spielte er seinem Caddie Bälle zu, eine Übung, die heute bei Turnieren zum Bedauern vieler untersagt ist. Nichts machte Hogan mehr Freude, als auf einer verlassenen Driving-Range einem Caddie die Bälle zuzuspielen – von links nach rechts, von rechts nach links und schließlich vom einen Ende der Driving-Range zur anderen – und sich dabei eine realistische Spielsituation vorzustellen, die es zu meistern galt.

Ein weiteres wertvolles Erbe, das uns Hogan hinterlassen hat, ist der Beweis, dass man über viele Jahre hinweg auf höchstem Niveau spielen kann. 1953, als er drei Major-Titel gewann, war er 40 Jahre alt! Ähnliches gelang dem derzeitigen Superstar der amerikanischen Seniorentour, Hale Irwin, des weiteren Mark O'Meara, der 1998 mit 41 Jahren sowohl die US Masters als auch die British Open gewann. Und natürlich gehört auch Jack Nicklaus dazu, der sich 1986 mit 46 Jahren seinen sechsten US-Masters-Titel holte. Mit fortschreitendem Alter verschlechterten sich allerdings Hogans Putts. Für ihn war Putten „ein Spiel innerhalb des Spiels", das es mit dem Rest des Golfspiels nicht aufnehmen konnte. Er schlug sogar vor, einen Putt nur noch als halben Schlag zu zählen. Augenzeugen wissen zu berichten, dass Hogan der Verzweiflung nahe war, als er mit Bobby Locke, einem der besten Putter aller Zeiten, eine Runde absolvierte.

Trotz allem war Hogan ein weitaus besserer Putter, als viele – und er selbst – behaupteten. Im Gegensatz zu anders lautenden Meinungen widmete er seinem Putting viel Trainingszeit. Einst trainierte er im Vorfeld der US Masters in Florida mit Cary Middlecoff, dem zweifachen US-Open- und US-Masters-Champion. Hogan griff den Putter dabei mit voneinander getrennten Händen, lochte jeden Putt und kehrte mit knapp über 60 Schlägen ins Clubhaus zurück. Kurze Zeit später absolvierten Middlecoff und Hogan gemeinsam die Proberunde im National

Golf Club von Augusta. Auf dem ersten Grün fiel Middlecoff auf, dass Hogan wieder mit „normalem" Griff puttete, und er sprach ihn darauf an. „Ich kann mich nicht überwinden, vor all den Leuten mit einem so eigentümlichen Griff zu putten", lautete Hogans Antwort.

Hogan wird immer wegen seiner kraftvollen, langen Schläge in Erinnerung bleiben. Die Tatsache, dass er dem Putten in *Five Lessons* kein Kapitel widmete, spricht Bände und lässt ahnen, wie wenig er sich zutraute, anderen das Putten zu lehren. Ungeachtet dessen war Hogan aus Entfernungen von bis zu drei Metern ein phänomenaler Putter. Bob Rosburg versicherte mir glaubhaft, dass Hogan bei diesen Putts der beste Spieler aller Zeiten war. Byron Nelson meint, dass manchmal Wochen ins Land gingen, ehe Hogan wieder einen Ein-Meter-Putt daneben setzte. Kein Wunder also, dass Hogan so oft mit phänomenal niedrigen Scores von sich reden machte. Dank seines präzisen langen Spiels landeten seine Bälle oft sehr nahe am Loch.

Es ist wirklich schade, dass Ben Hogan nicht, wie Sam Snead, Tommy Bolt oder andere, die Senioren-Tour bestritt. Seine Begründung („wenn ich nicht in der Lage bin, mein bestes Golf zu spielen, möchte ich gar nicht spielen") verdeutlicht seinen vom Drang nach Perfektion geprägten Charakter. Welchen Stellenwert er für alle Zeit innehaben wird, verdeutlicht die Tatsache, dass man noch heute auf „geklonte" Hogans trifft, obgleich sich der große Meister Ende der fünfziger Jahre von der Turnierbühne verabschiedete. Diese „Hogan-Kopien" tragen seine Mütze, weißen Hemden, grauen Hosen und schwarzen Schuhe. Und sie versuchen, seine Schwungebene nachzuahmen. Hogan ist noch immer nicht von der internationalen Golfbühne wegzudenken. Und wird es wohl niemals sein.

Hogan sagte, er habe in *Five Lessons* seine Gedanken aus 25 Jahren Spiel- und Trainingserfahrung in vereinfachter Form festgehalten. Hat er uns alles erzählt, oder möchte er, dass wir zwischen den Zeilen lesen? Wollte er uns dazu bringen, uns nicht nur in sein Buch zu vertiefen, sondern selbst auf der Driving-Range immer wieder Neues über den Golfschwung zu entdecken? Wir werden es nie erfahren!

Wir wissen aber, dass Hogan durch nichts von der Überzeugung abzubringen war, dass jeder Golfer selbst ausprobieren muss, was schwungtechnisch für ihn das Beste ist. Er verdeutlichte uns, wie wichtig einige wenige Grundlagen sind, dass darüber hinaus jedoch dem Golfer nichts geschenkt werden kann. Schließlich hatte auch er in seinem Golfer-Leben nichts umsonst bekommen! Mein Bestreben war, Ihnen einige Einblicke in Hogans Werk, seine Gedanken und seine Überzeugungen zu gestatten. Und ich hoffe, einige Aspekte aus *Five Lessons* so vereinfacht dargestellt zu haben, dass Sie Hogans Werk fortan besser verstehen können.

Hogan wuchs in schweren Zeiten auf. Den Weg nach oben ebnete er sich dank seiner Willenskraft und seiner Beharrlichkeit. Selbst die Medien bezeichneten ihn – bei aller Bewunderung – als „harte Nuss", was er wohl seinem Charakter verdankte. Henry Longhurst, ein versierter und bekannter britischer Golfjournalist, schrieb einst einen Artikel über Hogan, den er mit „Die harte Schale aus Texas" betitelte. Dieser Artikel erschien 1957 – im gleichen Jahr wie *Five Lessons*. Hogan hatte eine harte Schale. Junge Tourspieler seinerzeit wissen zu berichten, dass sie ihn um Rat ersuchten – und ihn stets mit dem Eindruck verließen, er sei ihnen über den Mund gefahren. In diesem Zusammenhang denke ich an die Geschichte, die mir Gary Player erzählte. Der wandte sich einst mit den Worten „Mister Hogan, ich frage mich, ob ich Sie um einen Rat fragen darf" an den Meister. Hogan entgegnete: „Spielst du denn mit Ben-Hogan-Schlägern, mein Sohn?" „Nein, Sir, ich spiele mit Dunlop-Schlägern", antwortete Gary Player, worauf sich Hogan nur noch zu einem kurzen „dann wende dich doch an Herrn Dunlop" herabließ.

Hogan trieb sich selbst unermüdlich zu Höchstleistungen. Er beobachtete seinen Schwung mikroskopisch genau und kam zu der Überzeugung, dass er noch nicht gut genug sei, worauf er sich an die Arbeit machte, an den einzelnen Teilbereichen zu feilen. Er tat dies, weil er das Schlagen von Golfbällen als seinen Beruf betrachtete, und entwickelte so einen Golfverstand, der seinesgleichen suchte. Er war kein sehr groß gewachsener Mann, ein Grund mehr für ihn, sich anderweitig hervorzutun. Dies gelang ihm durch harte Arbeit und permanente Selbstmotivation. Das Endergebnis war ein geradezu begnadeter Golfverstand, wie dies Henry Longhurst einst bewundernd anerkannte.

„Kühl und überlegt", schrieb Longhurst, „beschloss Hogan, sich durch eine höhere Konzentrationsfähigkeit Vorteile zu verschaffen. Es dauerte zwar einige Jahre, doch er erreichte dieses Ziel. Er hatte sich und seine Gedanken so gut unter Kontrolle, dass ihn weder die Zuschauer, noch eine Spielunterbrechung und auch kein ‚Bei-diesem-Schlag-geht-es-um-5.000-Dollar-Gedanke' im entscheidenden Moment aus der Ruhe bringen konnten. Vor allem in diesen Situationen gelangen ihm die perfekten Schläge, die er zuvor auf der Driving-Range trainiert hatte."

Dies mag fast etwas kalt, ja gefühllos klingen. Doch unter seiner kühlen, abwehrenden Schale verbarg sich ein solch unstillbarer Wissensdurst, dass Hogan zu Unsterblichkeit gelangte. Oft wurde bedauert, dass er sich nicht offener, extrovertierter geben konnte und so dem Golfspiel ein größeres Geschenk hätte hinterlassen können. Dabei hat er dem Spiel doch ein Riesengeschenk zurückgelassen! In meinen Augen war seine größte Hinterlassenschaft seine Schweigsamkeit. Er führte – und führt – uns vor Augen, dass jeder Golfer auf der Driving-Range sehr viel über sich selbst und seinen Golfschwung erfahren kann. Er hat gezeigt, dass man auf der Driving-Range zu einem besseren Golfer werden und die dort errungenen Erkenntnisse mit auf den Platz nehmen kann. Es mag sein, dass Hogan in gewisser Weise eigenbrödlerisch und zurückgezogen lebte, doch hinderte ihn dies nicht, das Spiel um einen Helden, eine Attraktion zu bereichern. Jack Nicklaus formulierte dies nach Hogans Tod 1997 wie folgt: „Wir haben den Mann verloren, der den Golfball am besten schlagen konnte."

Und was bringt uns die Zukunft? Hogan prophezeite in *Five Lessons*, dass noch Fortschritte gemacht werden würden. Und sie wurden gemacht!

Die Fortschritte resultierten aus der Videoanalyse, der Computertechnik und aus der modernen Kommunikationstechnologie. Heutzutage sind die Golflehrer in der Lage, Informationen und Erkenntnisse vereinfacht zu übermitteln. Biomechanik, mentales Training, Fitness und nicht zuletzt hochpräzise, maßgeschneiderte Schläger spielen im Golfsport eine immer gewichtigere Rolle. Hoch begabte junge Golfer entdecken das Golfspiel und werden den Ball „meilenweit" schlagen. Trotzdem wird Golf immer eine Herausforderung darstellen. Viele Golfer werden auch weiterhin durch das Spiel verursachte Qualen durchleiden, und diese Golfer werden wahrscheinlich auch weiterhin gegen die Strömung des Fortschritts schwimmen – in der Hoffnung, jemanden (oder etwas) zu finden, der (oder das) ihnen auf die Schnelle hilft, ihre Schwungprobleme zu lösen. Dies entspricht der Natur des Spiels – und der menschlichen Natur. Dem war so, seit das Spiel erfunden wurde – und es bleibt zu hoffen, dass sich hieran niemals etwas ändern wird. Es würde mich freuen, wenn weltweit alle Menschen der Faszination dieses wunderschönen Sports erliegen könnten, den Ben Hogan ein langes Leben lang als „schlichtweg faszinierend" beschrieb. Auch ich finde den Golfsport faszinierend, auch, weil dieses Spiel für jeden Golfer und jede Golferin ein lebenslanges, unermüdliches Studium voraussetzt. Jeder Spieler kann den Weg in die Zukunft finden, sofern er aus der Vergangenheit lernt. Auf diesem Weg werden neue Fragen auftauchen, sodass die Debatte über den Golfschwung und seine Teilbereiche bis in die Unendlichkeit hinein fortgesetzt werden kann.

Dies ist in meinen Augen das Bezaubernde, Faszinierende an diesem wunderbaren Spiel. Einem Spiel, in dem Ben Hogan für immer als Synonym für Reinheit und Weitblick stehen wird.

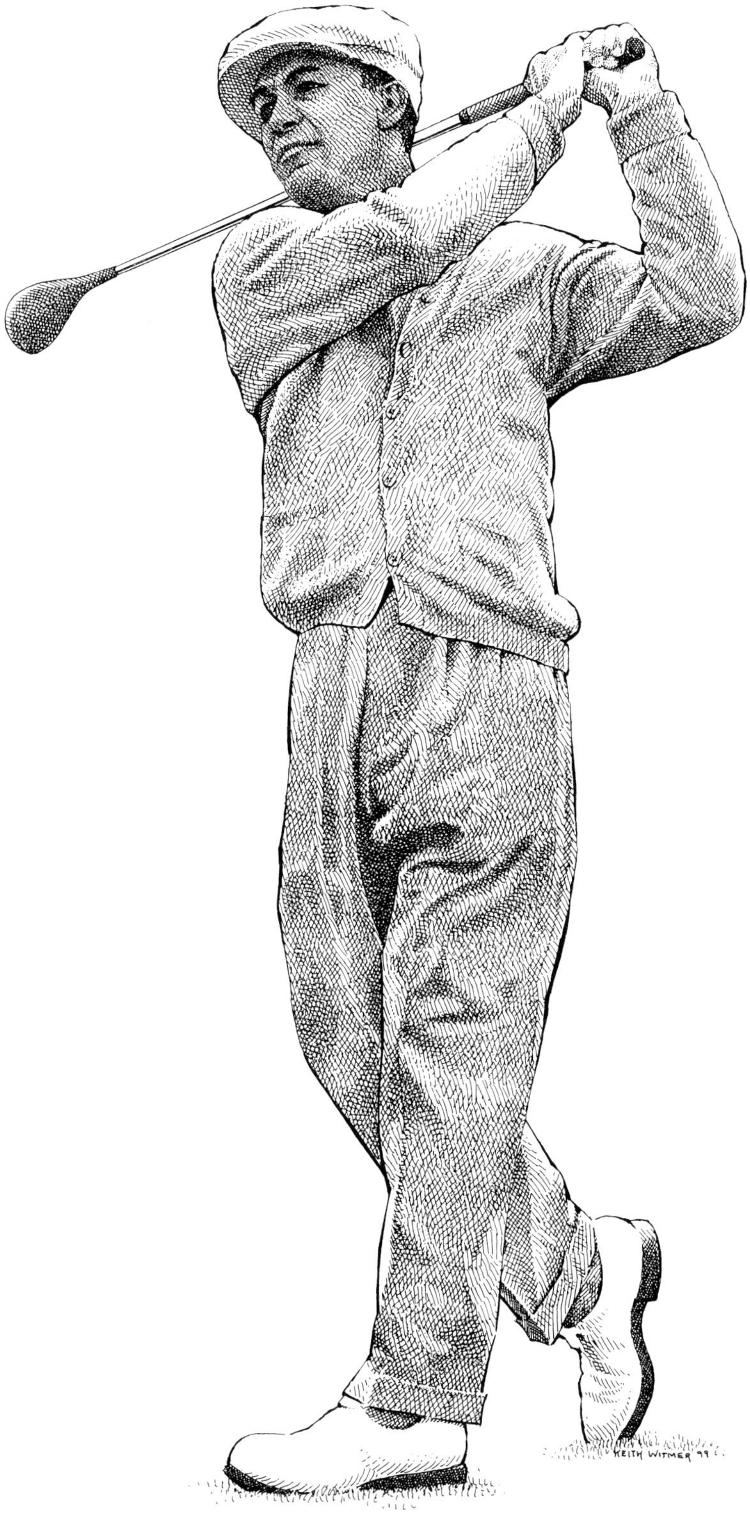
KEITH WITMER 99

BEN HOGAN

geboren 13. August 1912 in Stephenville, Texas

Hochzeit 14. April 1935 mit Valerie Fox

gestorben 25. Juli 1997 in Fort Worth, Texas

SIEGE, ERFOLGE UND AUSZEICHNUNGEN

1938
Hershey Vierer

1940
North and South Open
Greensboro Open
Asheville Open
Goodall Round-Robin
Vardon Trophy
Preisgeld-Ranglisten-Erster (10.655 Dollar)

1941
Miami Vierer
Asheville Open
Inverness Vierer
Chicago Open
Hershey Open
Vardon Trophy
Ryder-Cup-Spieler
Preisgeld-Ranglisten-Erster (18.358 Dollar)

1942
Los Angeles Open
San Francisco Open
Hale America Open
North and South Open
Asheville Open
Rochester Open
Vardon Trophy
Preisgeld-Ranglisten-Erster (13.143 Dollar)

1945

Nashville Open
Portland Open
Richmond Open
Montgomery Open
Orlando Open

1946

Phoenix Open
Texas Open
St. Petersburg Open
Miami Vierer
Colonial National Invitation
Western Open
Goodall Round-Robin
Inverness Vierer
Winnipeg Open
PGA Championship
Golden State Championship
Dallas Invitational
North and South Open
Vardon Trophy
Preisgeld-Ranglisten-Erster (42.556 Dollar)

1947

Los Angeles Open
Phoenix Open
Miami Vierer
Colonial National Invitation
Chicago Open
Inverness Vierer
International Championship
Ryder Cup Playing Captain

1948

Los Angeles Open
PGA Championship
US Open
Motor City Open
Western Open
Inverness Vierer
Reading Open
Denver Open
Reno Open
Glendale Open
Bing Crosby Pro-Am
Vardon Trophy
Preisgeld-Ranglisten-Erster (32.112 Dollar)
Spieler des Jahres

1949
Bing Crosby Pro-Am
Long Beach Open
Ryder Cup Captain

1950
Greenbrier Invitational
US Open
Spieler des Jahres

1951
US Masters
US Open
World's Championship
Ryder-Cup-Spieler
Spieler des Jahres

1952
Colonial National Invitation

1953
US Masters
Pan-American Open
Colonial National Invitation
US Open
British Open
Spieler des Jahres
Aufnahme in die PGA Hall of Fame („Golf-Ruhmeshalle")

1959
Colonial National Invitation

1965
Auszeichnung „Größter Spieler aller Zeiten" durch die amerikanischen Golf-Journalisten

1967
Ryder Cup Captain

1974
Eines von 13 Gründungsmitgliedern der World Golf Hall of Fame

1976
Bobby Jones Award